사랑을 키우는 공감 대화법

내 말은 그게 아니었어요

사랑을 키우는 공감 대화법
내 말은 그게 아니었어요

초판 1쇄 발행_ 2018년 6월 15일

지은이_ 주은정, 한수정, 김혜령
펴낸이_ 이성수
주간_ 박상두
편집_ 황영선, 이홍우, 이효주
디자인_ 진혜리
마케팅_ 이경은

펴낸곳_ 올림
주소_ 03186 서울시 종로구 새문안로 92 광화문오피시아 1810호
등록_ 2000년 3월 30일 제300-2000-192호(구:제20-183호)
전화_ 02-720-3131
팩스_ 02-6499-0898
이메일_ pom4u@naver.com
홈페이지_ http://cafe.naver.com/ollimbooks

값_ 13,000원
ISBN 979-11-6262-002-1 03190

이 도서의 국립중앙도서관 출판예정도서목록(CIP)은 서지정보유통지원시스템 홈페이지(http://seoji.nl.go.kr)와 국가자료공동목록시스템(http://www.nl.go.kr/kolisnet)에서 이용하실 수 있습니다.(CIP제어번호 : CIP2018016129)

사랑을 키우는 공감 대화법

내 말은 그게 아니었어요

주은정 한수정 김혜령

울림

머리말

고기는 씹어야 맛이고
대화는 통해야 맛이다

인간관계를 좌우하는 요소는 무엇일까? 가장 결정적인 요소는 '말'이다. 말이 통하는가 아닌가가 관계에 지대한 영향을 미친다. 가정과 직장에서의 모든 인간관계도 마찬가지다. 좋은 관계를 맺으려면 무엇보다 '대화'가 되어야 한다.

고기는 씹어야 맛이고 대화는 통해야 맛이다. 김태희나 전지현 빰치게 예쁜 아내라 해도 대화가 통하지 않는다면 좋은 관계를 유지해가기 힘들 것이다. 남편도 그렇다. 아무리 유능하고 가정적인 남편이라고 해도 말이 통하지 않는다면 아내의 속은 새까맣게 타들어갈 것이다. 차라리 벽에 사람을 그려놓고 대화를 나누는 게 더 나을지도 모른다.

부부 사이니까 개떡같이 말해도 찰떡같이 알아준다면 좋겠지만, 부부 사이라서 더 큰 오해를 만들기도 한다.

말이 통하는 부부가 되려면 어떻게 해야 할까? 벽에 대고 말하는 것 같은 대화를 서로 깊이 교감하는 대화로 만드는 방법은 무엇일까?

우리는 '아'와 '어'가 다르다는 사실을 잘 알고 있지만, 일상생활에서 실천하는 경우는 매우 드물다. 배우자에게는 더욱 그렇다. 무심코 내뱉듯 말을 건네는 경우가 얼마나 많은가. 왜 그럴까? 가까운 사람이기 때문이다. 가까우니까 '대충 말해도 알아듣겠지', '어떻게든 이해해주겠지'라고 생각하며 주의를 기울이지 않고 그냥 '편하게' 말해버리는 것이다. 그렇게 나온 한마디가 서로에게 상처를 주고 오해를 남긴다. 그 오해가 어느 순간 심각한 부부싸움으로 이어지기도 한다. '칼로 물 베기'라는 부부싸움이 정말로 물을 갈라 부부가 화해하지 못하는 상황으로 치닫게 만들기도 한다.

혹시 지금까지 이렇게 배우자를 상대해오지 않았는가? 부부간 대화란 원래 그런 거라며 크게 신경 쓰지 않고 살아오지 않았는가? 그렇다면 이 책을 읽고 자신의 언어 태도와 화법을 다시금 돌아보기 바란다. 문제가 무엇이고, 어떻게 고쳐야 할지 답을 찾아보기 바란다. 어느새 멀어진 부부관계의 회복을 위해서 말이다. 조금만 노력하면 신혼 때의 달콤함과 함께 살아온 날만큼이나 두터워진 신뢰를 얼마든지 확인할 수 있게 될 것이다.

이 책은 스피치 전문 강사로 활동해온 세 사람이 부부관계에서 소홀하기 쉽지만 가장 중요한 소통 문제를 집중적으로 다루고 있다. 가족의 울타리 안에서 흔히 접할 수 있는 장면들을 포착하여 어떤 부분이 관계를 틀어지게 하고 싸움으로까지 번지게 하는지를 실감나게 풀어냈다. 평소 '우리 부부는 말이 잘 안 통해'라고 생각해본 적이 있다면 이 책에서 해결의 실마리를 발견할 수 있을 것이다.

마음이 통하는 대화의 기술은 타고나는 것이 아니다. 방법을 알고 조금만 노력하면 누구나 익혀 실생활에 적용할 수 있다.

그동안 말이 잘 통하고 서로를 살뜰히 챙겨주는 앞집 수종이네 부부가 부러웠는가? 알콩달콩 달달한 사랑이 넘치는 인표네 부부를 보며 질투를 느껴본 적이 있는가? 이제는 더 이상 그럴 필요가 없다. 이 책이 당신과 배우자를 당신이 부러워하던 부부로 만들어줄 테니까.

가정과 직장에서의 인간관계까지 개선시킬 수 있는 유용한 정보들은 이 책의 덤이라고 하겠다.

주은정 한수정 김혜령

차례

설득할 것인가, 설득당할 것인가

–이해와 호감을 부르는 설득화법

신이 난다 얼쑤, '맞장구화법'

큰 사랑은 진다, '배려화법'

5. 혹시 당신은 카페모카형?

–서로를 통하게 만드는 맞춤 대화법

1

고수는 싸우는 방법이 다르다

관계가 더 좋아지는
싸움의 기술

싸움은 상대와 내가 서로 마음이 맞지 않는 부분을 격하게 확인하는 순간이다. 싸움을 통해 서로가 어떤 부분에서 상대에게 실수했는지를 알고, 화해로 마무리하고, 이후부터 주의한다면 관계는 비 온 뒤에 땅이 굳어지듯이 오히려 더 탄탄해질 수 있다.

'나'를 '우리'로 만드는 싸움의 지혜

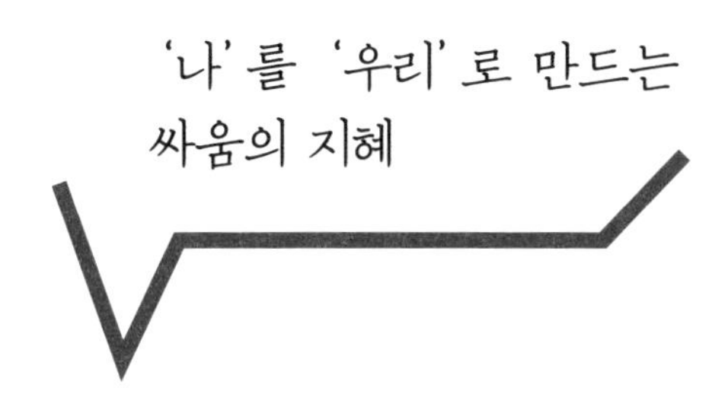

대학 시절, 나는 '세상은 나의 것'이라고 생각했다. 혈기도 왕성했고, 모든 일에 자신이 넘쳤다. 마음만 먹으면 무엇이든 할 수 있을 것 같았다. 그러나 학교를 나와 마주한 세상은 그렇게 호락호락하지 않았다. 매 순간이 싸움의 연속이었다. 일과 동료, 거래처뿐만 아니라 나 자신과도 끊임없이 싸워야 했다.

결혼 후에도 사정은 마찬가지. 사랑으로 하나 된 두 사람이 꾸린 가정이었으나 늘 좋지만은 않았다. 삐걱거리는 소리가 여기저기서 들리기 시작했다. 가까운 사이일수록 예의를 지키고 조심해야 한다는 사실을 알면서도 '이 정도는 이해하겠지', '이 정도 투정(?)쯤은 괜찮겠지'라며 안이하게 생각한 결과였다. 그러다가 싸움이 일어나기도 했는데, 현명하게 대처하지 못했다. 이성보다 감정에 치우쳐 얼굴을 붉히고, 지나고 나면 후회할 말을 거침없이 쏟아내기도 했다. 상대의 입장을 이해하고 배려하기보다 나의 이기심을 앞세웠던 탓이다.

싸우고 나면 한동안 냉각기가 있었다. 엉킨 실타래를 풀어나가려고 노력하기보다 분을 삭이는 데 그치는 경우가 많았다. 밥을 차려주지 않은 것은 물론이다. 미움보다는 어색함 때문이었다. 냉전은 며칠간 계속되었다. 눈도 마주치지 않고 냉랭하게 대했다. 하지만 마음은 편하지 않았다. 답답했다. 순간의 격한 감정을 참지 못해 막말을 했던 것도 미안했고, 그가 나를 어떻게 생각하고 있을지도 궁금했다. 저녁은 먹었는지, 귀가는 언제 하는지 궁금하기 짝이 없었지만, 전화해서 물어보지도 못했다. 혹여 부모님이 아실까 걱정되기도 했고, 친구한테 털어놓고 싶다가도 창피해서 그러지도 못했다. 도대체 이 불편한 상황을 어떻게 풀어나가야 할지 막막했다. 당연히 일이 손에 잡힐 리 없었다.

모든 것이 서툴기만 했던 부부생활 초기의 한 페이지다. 돌이켜보면 그것은 두 사람이 진정한 소통을 위해 서로의 차이를 확인하고 조율해가는 과정이었다.

세상에 싸우지 않고 사는 사람이 있을까? 간혹 평생을 함께 살면서 한 번도 싸운 적이 없다고 말하는 부부를 볼 수 있는데, 오해나 이견으로 인한 실랑이나 말다툼조차 없을 수가 있을까? 같이 살다 보면 호불호가 갈리거나 예기치 않은 일로 갈등을 겪게 마련이다. 갈등이 커지면 싸우게 된다.

싸움은 본질적으로 상대와 내가 서로 마음이 맞지 않는 부분을 격하게 확인하는 순간에 벌어진다. 이때 화를 내거나 거친 말로 상대의 마음에 상처를 남기는 경우가 많다. 관계는 전과 같지 않게 되고, 심한 경우 회복할 수 없는 지경에 이르게 되기도 된다. 후유증이 이만저만 아니다. 잘못된 싸움이 낳은 나쁜 결과다. 이를 원하는 사람은 아무도 없을 것이다. 그래서 싸움의 기술이 필요하다. 싸우더라도 현명하게 싸우고 풀 줄 아는 지혜를 발휘해야 한다.

싸움의 지혜를 발휘하면 '나'에서 '우리'가 될 수 있다. 운명적인 사랑의 짝꿍을 만나 부부의 연을 맺었다 해도 그 자체로 완벽한 결합일 수는 없다. 하나하나 조각을 맞추어 전체 퍼즐을 완성해가듯 지혜로운 싸움을 통해 틈새를 확인하고 이해와 애정으로 메우는 과정이 필요하다. 서로가 어떤 부분에서 상대에게 실수했는지를 알고, 훈훈한 화해로 마무리하고, 이후에는 그런 일이 없도록 주의하고 조심하면 관계가 더욱 발전하여 온전한 일심동체를 이룰 수 있다. 비 온 뒤에 땅이 더욱 굳어지는 것처럼 말이다.

그렇다면 지혜로운 싸움의 기술이란 어떤 것일까?

love

판단하지 말고 관찰을

나는 종종 멋대로 남편을 판단하곤 한다.

'사랑이 식었군.'

여자의 직감은 정확하다고 하지 않는가. 나는 그렇게 나의 직감을 확신하고 섭섭한 마음을 부채질하며 남편과 거리를 두게 된다. 그러면 둔한 남편도 이내 알아차리고 의아하다는 듯 말을 건넨다.

"당신 요즘 왜 그래? 기분이 안 좋아 보여."

나로선 딱히 대답할 말이 없다. 시시콜콜 이야기하자니 좀스러운 사람이 될 것 같고, 별 효과도 없을 것 같기 때문이다. 하지만 속으로 불만이 계속 쌓이다 보면 나중에는 커다란 바위가 되어 서로를 짓누르게 된다. 말하자니 그렇고, 가만있자니 답답하고, 이럴 땐 어떻게 하는 것이 좋을까?

가장 좋은 방법은 관찰이다. 자기 멋대로 판단하지 말고 상대를 꼼꼼하게 관찰하고, 자신이 관찰한 내용을 상대에게 전달하는 것이다.

"당신, 3일 연속해서 술 마시고 늦게 들어오네?"

그리고 궁금한 것을 상대에게 솔직하게 물으면 된다. 어떤 어려움이 있는지, 몸 상태는 괜찮은지 등등. 그러다 보면 자연스럽게 소통이 이루어진다. 알고 보면 남편도 원치 않는 술자리 때문에 엄청난 스트레스를 받고 있을지 모른다. 회사 일로 어쩔 수 없이 참석해야 하는 자리가 불편할 수 있고, 늦은 귀가 때문에 아내에게 미안할 수 있다. 그런 사정을 알아보지 않고 일방적으로 '변했어'라고 판단하고 행동하면 오해와 갈등만 커질 뿐이다. 판단이 아닌, 관찰이 필요하다.

"당신답지 않게 왜 그래?"

"당신은 말이 너무 많아."

이와 같은 판단은 관계를 그르치는 경우가 많다. 상대를 몰아붙이는 느낌이 강하기 때문이다. 관찰은 다르다.

"당신, 요즘 힘들어 보여."

"집에 와서 1시간 동안 아무 말도 하지 않았어."

관찰은 상대의 모습을 있는 그대로 보여준다. 내가 관찰한 부분을 상대에게 이야기하고 확인하는 과정을 거치면 대화의 온도가 달라진다. 잠시라도 상대가 스스로를 돌아보는 시간을 가지면서 한결 부드러운 상태가 되기 때문이다.

/

축구를 무지 좋아하는 남편이 있었다. 동네 조기축구회 회원으로, 일요일 아침이면 어김없이 축구장을 누볐다. 아내는 그런 남편이 보기 좋아 매번 격려를 아끼지 않았다.

그러던 어느 날, 남편이 불만 섞인 말투로 말했다.

"당신은 정말 게을러."

갑자기 무슨 말인가 싶어 어리둥절한 아내에게 남편이 연타를 날렸다.

"오전 미사에 가는 걸 한 번도 본 적이 없어. 늦잠을 자니까 그렇잖아. 일찍 일어나서 조기축구를 하는 나를 좀 본받으라고!"

순간 아내는 울컥 뭔가 치밀어 오르는 것을 느꼈다. 몰라주는 남편이 서운하고 실망스러웠다. 사실 아내는 자신이 맡은 교육 준비로 토요일마다 새벽까지 일하고 있었다. 일요일에는 늦잠을 자도 부담되지 않기 때문이다. 그런 줄도 모르고 게으르다며 핀잔을 주고 충고까지 하는 남편이 남보다 못한 사람으로 여겨졌다.

남편이 판단이 아닌 관찰을 했다면 어땠을까?

"당신 요즘, 일요일마다 늦잠을 자네. 무슨 피곤한 일이라도 있어?"

어떤가? 확연히 다른 느낌을 주지 않는가? 관찰한 결과를 말하고 어떤 사정이 있는지를 묻는, 어찌 보면 간단한 과정인데 듣는 사람을 한결 편안하고 따뜻하게 만들지 않는가?

섣불리 판단하지 말고 찬찬히 관찰하고 나서 대화를 시도하기 바란다. 판단하는 사람은 싸움을 부르고, 관찰하는 사람은 관계를 개선시킨다.

인신공격 절대 금지

남편과 기분 좋게 맥주를 한잔하고 있을 때였다. 남편이 내게 바라는 점이 있었다며 조심스럽게 말을 꺼냈다. 말인즉슨, 내가 싸움만 했다 하면 말투가 묘하게 바뀐다는 것이었다. 뭐라 표현하기 어려운 빈정거리는 말투로 이야기를 하는데, 듣고 있으면 절로 기분이 나빠진다고 했다. 자신이 무엇을 잘못했는지는 알겠는데, 말을 듣다 보면 마음이 뒤틀려 결국 화를 내게 된다고 고백했다.

망치로 한 대 얻어맞은 듯했다. 한동안 멍한 채로 앉아 있었다. 정말로 내가 그랬단 말인가. 곰곰이 생각해보니 곧잘 쓰던 말투들이 떠올랐다.

"그래요, 당신은 아는 것 많아서 좋겠어."

"살은 그렇게 쪄가지고 또 먹으려고?"

"진짜 속 좁다. 나보다 다섯 살이나 많은 사람이…."

"한심해, 정말."

비아냥거리듯 인신공격에 가까운 말을 아무렇지 않게 내뱉었다. 그런 말을 듣고 기분이 상하지 않을 사람이 있을까? 부끄러웠다. 평소에는 결코 입에 담지 않는, 아니 담을 수 없는 말들이었다. 그런데 어쩌자고 싸움만 했다 하면 상대의 화를 돋우는 말을 어찌 그리도 잘 쏟아내는지 알 수 없었다. 아마도 단단히 꼬인 데가 있어서일 것이다. 아무튼 나는 남편의 충고를 듣고 단단히 반성했다.

부부 사이에 조심하고 또 조심해야 할 부분은 또 있다. 바로 집안 이야기다. 서로의 집안에 대해 이야기를 나누다가 싸움으로 번지는 경우를 흔히 보게 된다. 가족이 모두 모이는 명절은 그러한 싸움의 절정을 이룬다. 오랜만에 만나는 가족과 단란한(?) 시간을 보내고 나서 돌아오는 길에 서로의 부모형제를 두고 이러쿵저러쿵하다가 걷잡을 수 없는 지경으로 치닫는 경우가 많다. 이혼까지 가는 경우도 종종 있다. 특히 부모님과 관련한 상대의 말에 우리는 자신도 모르게 극도로 예민해진다. 자신의 정체성과 직결되는 문제이기 때문이다. 집안 이야기가 조심스러운 이유다.

/

나도 얼마 전 시댁 문제로 대화를 나누다가 심하게 다투고 말았다. 발단은 내 입에서 나온 말이었다. 시어머니께 받은 마음의 상처를 남편에게 털어놓다가 해서는 안 될 말이 튀어나왔다.

'니.네.엄.마.'

가만히 나의 투정을 받아주던 남편이 그 순간 화가 머리끝까지 났던 모양이다.

"내가 장모님한테 '니네 엄마'라고 하면 기분 좋겠어? 그리고 적당히 해. 내가 너한테 우리 엄마 욕이라도 해야 시원하겠냐?"

처음부터 싸움이 커지는 일은 거의 없다. 순간적으로 불쑥 내뱉은 작은 말 하나가 불씨가 되어 상대의 심기를 건드려 큰불로 번지게 된다. 나의 하소연으로 시작된 우리의 대화도 그랬다. 며느리들이 느끼는 불만을 토로하다가 그만 '니네 엄마'라는 말이 나오면서 남편이 격하게 반응하여 고성을 지르고, 서로의 집안에 대한 비아냥거림이 더해지고, 지난날의 문제들까지 들추어져 인신공격성 발언까지 주고받게 된 것이다. 그렇게 화마가 쓸고 지나간 자리는 쉬이 복원되지 않는다. 서로의 마음에 깊이 박혀 오래도록 상처로 남는다.

부부관계에서 '공든 탑은 무너지지 않는다'는 말은 반은 맞고 반은 틀리다. 둘이 공들여 쌓아온 탑이 말실수 하나 때문에 일시에 무너지는 경우가 얼마든지 생길 수 있다. 한마디 말에도 소홀함이 없도록 신중에 신중을 기해야 한다. 기본은 상대를 존중하는 마음이다.

미안하다 사랑한다

잘못을 했다면 실수를 인정하고 먼저 사과하면 된다. 그런데 문제는 그게 말처럼 쉽지 않다는 것이다. 자신의 잘못으로 상대에게 상처를 주었으면서도 자존심 때문에 "미안해"라는 말을 쉽게 하지 못한다. 자녀에게는 잘못했을 때 "미안해", "죄송해요"라는 말을 하라고 가르치면서 정작 자신은 사과를 못해 싸움을 일으키고 아이들 앞에서 부끄러운 모습을 보인다.

한번 내뱉은 말은 주워 담을 수 없다. 하지만 상처 입은 관계를 회복시킬 수 있는 말이 있다. 바로 '미안해'다. 사과는 어떻게 하는 것이 좋을까?

사과는 빠를수록 좋다. 최대한 빨리 잘못을 인정하고 상대에게 사과의 마음을 전하는 것이 최상이다. '시간이 지나면 괜찮아지겠지' 생각하며 방관하다가는 감정의 골만 깊어질 뿐이다. 시간을 끌면 끌수록 대화 단절이 길어지고 청소하지 않은 방에 먼지가 쌓이듯 오해가 쌓여간다.

/

우리 부부는 싸우고 나서 거의 한 달간 묵언의 시간을 보낸 적이 있다. 꼭 해야 할 말은 문자 메시지를 보내거나 아이를 통해 전달했다. 그러다가 어떤 뉴스를 접하게 되었다.

노부부는 6년 가까이 한 집에 살면서 일절 대화를 나누지 않았다고 한다. 전할 말이 있으면 메모지를 이용했다. 성격 차이로 사사건건 다툼이 일어나면서 시작된 메모지 소통에는 '두부는 비싸니 찌개에 서너 점만 넣어 양념으로만 사용할 것'과 같은 사소한 내용도 포함되었다. 스트레스가 오죽했을까. 결국 두 사람은 소송을 하게 되었고, 법원으로부터 이혼 인정 판결을 받았다.

뉴스를 보고 정신이 번쩍 드는 것 같았다. '지금의 우리도 노부부의 모습과 다를 게 없다'는 생각에 마음을 고쳐먹기로 했다.

사과는 시간이 갈수록 더 어려워진다. 입이 굳어져 말을 건넬 용기가 나지 않는다. 하지만 알아야 한다. 상대가 "미안해"라는 한마디를 기다린다는 사실을. 사과가 빠를수록 관계도 빨리 회복되는 법이다.

사과의 기술 첫째가 '빠르게 하는 것'이라면, 둘째는 '두괄식으로 이야기하는 것'이다. 간단히 정리하면 '미안해 + 왜냐하면(설명) + 그래서 미안해'라고 하면 된다. 자신이 왜 그랬는지 구구절절 설명부터 시작하면 자칫 변명으로 들릴 수도 있고 중간에 상대가 개입하면서 또 다른 싸움으로 번질 우려가 있다. 따라서 처음부터 자신이 하는 말이 변명이 아닌 사과라는 점을 분명히 하는 것이 좋다. 진지한 표정에 진심 어린 목소리로 사과하는 것도 중요하다. 그래야 진정성이 전달된다.

/

언젠가 가족과 함께 핫플레이스(hot place)로 손꼽히는 대형 쇼핑몰에 간 적이 있다. 여느 때라면 눈도 입도 마음도 즐거운 시간을 보냈을 것이다. 하지만 그때는 아니었다. 몸도 마음도 불편한, 괴로운 시간이었다.

발단은 핫도그였다. 나와 아들은 먹기를 좋아한다. 맛집을 즐겨 찾고, 먹는 양도 적지 않다. 그에 반해 남편은 먹는 것에 관심이 별로 없고, 소식을 선호한다. 먹기를 좋아하는 아내와 아들을 이해하지 못한다. 한심하다고 생각했을지도 모른다.

그날 우리는 쇼핑몰에 도착하자마자 출출해진 배를 달래기 위해 핫도그를 사 먹었다. 그런데 그다음이 문제였다. 급하게 먹은 탓인지 아들이 헛구역질을 하기 시작했다. 놀란 내가 바로 물을 마시게 했더니 남편이 "무식하게 먹으니까 그렇지!"라며 짜증을 냈다. 순간 나도 기분이 상했다. 아니, 네 살짜리 어린애가 그럴 수도 있지 굳이 무식하다며 짜증을 낼 필요가 있는가. 남편의 말이 계속 머릿속을 맴돌았다.

'무식하게… 무식하게… 무식하게…'

4시간 넘게 쇼핑몰에 있는 동안 나는 한마디도 하지 않았다. 성질 같아서는 당장 자리를 뜨고 싶었지만, 아이를 생각해서 꾹 참았다. 그런 줄도 모르고 남편은 무슨 일이 있었느냐는 듯 "이건 어때? 저건 어때" 하며 끊임없이 말을 걸어왔다. 둔한 사람이 따로 없었다. 나는 나대로 입을 꽉 다문 채 '나 지금 화났거든!'이라는 무언의 신호를 보냈다.

남편은 몰랐을까? 내가 원하는 말이 무엇인지 정말 몰랐을까? 아무리 둔해도 모르지는 않았을 거라고 생각한다. "미안해"라는 한마디의 필요성을. 나는 남편이 그렇게 말했더라면 금세 화가 풀려 신나게 쇼핑을 즐길 준비가 되어 있었다. 하지만 남편은 끝내 나의 기대를 외면하고, 자신이 왜 그랬는지에 대해서만 변명을 늘어놓았다.

"그러니까 누가 그리 급하게 먹으래? 큰일 날 뻔했잖아. 내가 안 사주는 것도 아니고…."

나는 속으로 '그만 좀 해! 알았다고!'를 외쳤다.

만약 남편이 이렇게 말했다면 얼마나 좋았을까.

"미안해. 급하게 먹는 모습을 보고 나도 모르게 심한 말을 하고 말았어. 체했나 싶어 놀라서 그랬나 봐. 아무튼 언짢게 해서 미안해."

부부생활이 길어질수록 사라져가는 말 중의 하나가 '미안해'인 것 같다. 남들한테는 금방 술술 나오는 말이 세상에 둘도 없는 반려자에게는 유독 인색해지는 이유는 뭘까? 말 안 해도 알 테니까? 국적도 없는 자존심 때문에? 가까운 사이에 그 정도는 이해해줘야 한다고 생각해서? 이유야 어떻든 나의 언행으로 상대가 조금이라도 마음이 상한 것 같다면 재빨리, 맨 먼저 미안하다고 사과할 일이다. 누구든 실수할 수 있고, 그 때문에 분위기를 망칠 수도 있지만, 이후의 분위기는 사과의 한마디가 좌우한다는 사실을 잊지 않았으면 좋겠다.

선(先) 생각,
후(後) 대화

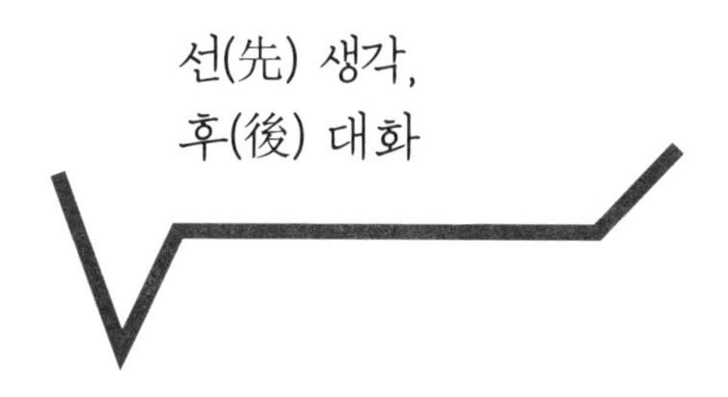

말은 양날의 검과 같다. 잘 쓰면 관계를 더욱 돈독하게 할 수 있지만, 잘못 쓰면 파탄지경으로 몰아갈 수 있다. 그래서 '숨 고르기'가 필요하다. 말을 하기 전에 내가 관찰한 사실을 종합하고, 그로 인한 감정은 어떠한지, 원하는 것은 무엇인지 정리할 필요가 있다. 이렇게 하면 꼬인 관계의 실타래를 수월하게 풀 수 있는 것은 물론이고, 더 나은 관계로 이끌어나갈 수 있다.

/

화끈한 성격을 자랑하는 친구 J가 있다. 그녀는 다른 친구의 근황을 전하거나 수다를 떨 때는 말이 청산유수인데, 남편과의 대화에서는 늘 서툰 모습을 보인다. 논리보다 감정을 앞세우기 때문이다. 다툼이

잦을 수밖에 없다.

그날도 J는 큰 전투를 벌이고야 말았다. 평소와 달랐던 점은 결정적인 한 방을 날린 것이었다. 그녀는 남편 앞에서 엉겁결에 "이혼해!"를 외쳤다. 뜬금없는 선전포고에 남편은 황당할 수밖에 없었고, "당신은 이혼하자는 소리가 그렇게 쉽게 나오냐!"며 격한 반응을 보였다고 한다. 정작 그녀가 듣고 싶었던 사과의 말은커녕 혹 떼려다가 더 붙이고만 꼴이 되었다.

J에게 "정말 이혼할 생각으로 그렇게 말한 것이냐?"고 물었다. 그녀는 전혀 그럴 의도가 아니었다며 손사래를 쳤다. 순간적으로 너무 화가 나서 겁을 주려고 한 말이었다는 것이다.

찻잔 속의 태풍으로 끝날 싸움이 찻잔을 깨는 큰 싸움으로 커진 이유는 자명하다. 감정의 격랑에 휩싸여 생각지도 않은 말을 쏟아냈기 때문이다. 싸우더라도 잘 싸워야 한다. 화가 나더라도 말하기 전에 잠깐 호흡을 가다듬을 줄 알아야 한다. 터지기 일보 직전의 풍선처럼 부풀어 오른 자신의 감정을 진정시키고 의도를 명확히 하여 상대에게 하고 싶은 말을 준비해야 한다. 그러면 사소한 말다툼이 더 큰 싸움으로 비화하지 않고 부드러운 대화 분위기를 이어갈 수 있다.

- 내가 관찰한 사실 : 집에 들어오면 씻고 나서 핸드폰만 본다, 화장실 청소를 한 번도 도와주지 않았다 등등

- 나의 감정 : (그러한 사실 때문에) 힘들다, 섭섭하다, 속상하다 등등
- 상대에게 바라는 것을 구체적으로 이야기한다 : 너무 핸드폰만 보지 말고 함께 이야기하는 시간을 가져요, 화장실 청소를 도와주세요 등등

관찰한 사실은 상대의 행위를 중심으로, 감정은 있는 그대로 투명하게 전달한다. 또한 상대에게 원하는 것은 확실히 알아들을 수 있게 자세하게 표현한다. 그래야 행동 변화를 유도할 수 있다.

/

가깝게 지내는 이웃 부부의 이야기다. 아내는 집안 어른들의 생신 챙기기를 어려워했다. 양력으로 지내는 아이와 본인 생일은 문제가 없었지만, 음력 생일을 지내는 어른들과 남편은 챙기기가 쉽지 않았던 모양이다. 매해 초가 되면 달력에 표시를 해놓기는 하는데, 어쩌다 그냥 지나칠 때도 있었다. 이번에도 그런 사달이 나고 말았다. 시어머니의 생신을 놓치고 만 것이다.

아내는 시누이의 전화를 받고 나서 그날이 어머니 생신이라는 사실을 알게 되었다. "오늘, 엄마 생신인데요…"라는 말을 듣는 순간 가슴이 철렁 내려앉는 것 같았다고 한다. 조금 더 일찍 알려주면 좋았을 텐데, 시누이가 원망스럽기도 했지만 이미 벌어진 일이었다. 속이 상

해 있는 그녀를 보고 남편이 "우리 맥주나 한잔할까?"라며 말을 걸어왔다.

"내가 먼저 챙겨야 했는데, 미안해."

미안하기는 그녀도 마찬가지였다. 아무런 대꾸를 못하자 남편이 다시 말을 이었다.

"이번에 엄마 생신을 그냥 지나치게 돼서 나도 속상했고 반성도 많이 했어. 바빠서 그런 거지만, 앞으로는 좀 더 주의할게. 당신도 체크해 놨다가 혹시 내가 모르고 지나갈 것 같으면 이야기를 해주면 좋겠어."

남편은 어떻게 말해야 할지 고민을 적잖이 했다고 했다. 자칫 서로가 필요 이상으로 예민해질 수 있는 상황을 어떻게 풀어야 하나 생각하고 또 생각하다가 마음을 털어놓게 되었고, 자신이 하고자 하는 말을 적절히 전달함으로써 아내의 공감을 이끌어낼 수 있었다.

아리스토텔레스는 "자신이 무엇을 말해야 할지 아는 것만으로는 충분치 않다. 그것을 어떻게 말해야 할지도 알아야만 한다"고 말했다. 생각이나 고민은 누구나 한다. 보다 중요한 것은 그것을 상대에게 어떻게 잘 전달하느냐다.

대화의 목적은 내가 상대를 이기는 것이 아니다. 관계를 유지하고 발전시키는 것이다. 싸움도 관계를 더 좋게 만드는 데 이바지할 수 있게 해야 한다. 따라서 무조건 자기주장만 펴지 말고 차분하게 근거를 마련하여 상대가 납득할 수 있게 정리해서 표현할 줄 알아야 한다.

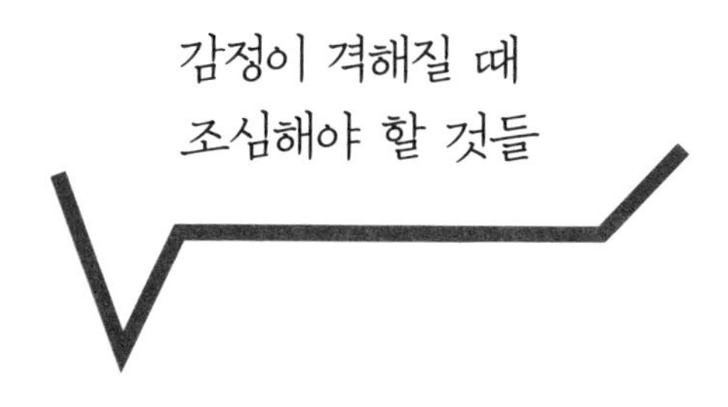

감정이 격해질 때 조심해야 할 것들

좋을 때는 별 문제가 없지만, 감정이 격해지면 문제 아닌 것이 문제가 될 때가 있다. 호칭과 말투, 제스처가 대표적이다.

"야!"

"니가 그렇게 말하면 안 되지."

"너는 뭘 잘했다고 그렇게 당당하냐!"

화가 나면 흔히 나오는 말들이다. 평소라면 그냥 넘어갈지도 모르지만, 기분이 상하면 거슬리게 되는 표현들이다. 마음에 여유가 없어진 탓이다. 상대가 원수처럼 보이는데 생각하고 자시고 할 틈이 없다.

불난 집에 부채질하는 격으로 말의 꼬투리를 잡게 된다.

/

어느 TV 프로그램에 한 부부가 출연했다. 부부는 평소에는 반말을 사용하다가도 싸움이 날 것 같으면 바로 높임말을 쓴다고 한다.

"여보, 왜 그러셨어요? 제가 충격을 받았잖아요."

그렇게 높임말을 쓰면 감정이 누그러지면서 대화가 한결 부드러워져서 자연 싸울 일이 없어진다는 것이다.

정말 그럴까? 우리 부부도 시험 삼아 다툴 일이 생기면 높임말을 쓰기로 약속했다. 호칭도 '야!'가 아니라 '여보'로 바꾸었다.

"여보, 당신이 술을 조금만 덜 먹고 일찍 들어오면 좋겠어요", "여보, 제가 힘들어서 그러는데, 설거지 좀 해줄래요?"

과연 효과가 있었다. 툭하면 싸우던 일이 줄어들었고, 관계도 전보다 좋아진 것 같다.

얼마 전 우리 부부는 우연히 〈님아, 그 강을 건너지 마오〉라는 영화를 보게 되었다. 89세 할머니와 98세 할아버지의 이야기를 다룬 영화다. 노부부는 어디에 가건 곱게 한복을 차려입고 두 손을 꼭 잡고 다니신다. 특히 인상적이었던 것은 서로에게 사용하는 존댓말이다. 두 분은 "~를 해줄래요?", "고마워요", "예뻐요", "미안해요"라는 말을 입에 달고 사신다. 서로를 존중하는 마음의 표현이 보는 이들의 마음마저 훈훈하게 만든다. 바로 그것이 76년째 연인 같은 부부생활을 이어 오게 한 힘이 아닐까 싶다.

부부가 존칭을 쓰면 대화가 날카로워질 수 없다. 말끝이 '요'로 끝나면서 날카로운 말도 모서리가 깎이고 둥글어지기 때문이다. '없네'가 '없네요'로 길어지면서 서로 생각할 수 있는 시간도 벌게 된다.

존칭의 효과는 아이들에게까지 미친다. 부모의 언성이 높아지고 날 선 표현이 오고가면 아이들은 놀라고 움츠러들면서 극도의 긴장 상태에 빠진다. 아이들이 받는 충격은 어른들이 생각하는 것보다 훨씬 크다. 그런데 아랫사람 부르는 듯한 호칭을 바꾸고 존댓말을 사용하면 설사 말다툼을 하더라도 아이들은 부모가 싸운다고 생각하지 않는다. 평소의 대화처럼 여겨 편안한 마음으로 그대로 놀이에 열중한다.

제스처 또한 부부 사이에서 빼놓을 수 없는 요소다. 제스처는 몸으로 표현하는 언어이므로 '비언어 커뮤니케이션'이라고도 한다. 부드러운 표현으로 자신의 의사를 전달하는 것도 중요하지만, 몸의 언어를 적절히 사용하는 것도 그에 못지않게 중요하다. 어쩌면 직접적 표현보다 더 중요하다고 할 수 있다. 커뮤니케이션에서 언어적 요소가 차지하는 비중이 30%라면, 비언어적 요소가 차지하는 비중은 70%라는 연구 결과도 있다.

이토록 중요한 비언어 커뮤니케이션을 잘하는 방법은 뭘까? 그중 하나는 대화할 때 손바닥을 보여주는 것이다. 펼친 손바닥은 마음이 열려 있음을 표현한다. 상대를 가리키거나 상대에게 물건을 건넬 때, 방향을 안내할 때 손가락이 아닌 손바닥 전체를 펼쳐 보이면 의사를 훨씬 더 부드럽게 전달할 수 있다. 선동하듯 팔을 일직선으로 힘껏 펼치지 말고 포물선을 그리듯 둥글고 가볍게 해야 한다. 상대의 눈을 바라보며 때로 고개를 끄덕이고, 대화 중간에 적절한 질문을 던져 상대의 이야기를 경청하고 있음을 나타내는 것도 중요하다.

내가 좋아하는 남편의 제스처가 있다. 양팔을 크게 벌리는 자세다. 기분이 좋을 때는 내가 달려가 품에 안기기도 하는데, 기분이 안 좋을 때는 남편이 다가와 나를 안아준다. 그러면 나도 모르게 언짢은 기분이 스르르 풀리는 것을 느낀다.

백 마디 말보다 나은 제스처가 있는가 하면, 절대 삼가야 할 제스처도 있다. 상처가 되는 말을 하지 않아도 상처를 주는 제스처다. 상대가 말하고 있는데 듣는 둥 마는 둥 책을 보거나 휴대전화를 만지작거리는 행위는 상대를 무시하는 것처럼 비칠 수 있다. 상대를 내려다보거나 째려보는 시선도 좋지 않다. 자존심을 무너뜨린다. 심지어 때리기라도 할 듯 손을 올리거나 물건을 던져 상대를 위협하는 행동을 보일 때도 있는데, 관계에 금을 내는, 절대 삼가야 할 행동이다.

부부란 한 배를 타고 세상이라는 망망대해를 항해하는 동반자다.

맞서 싸워야 할 대상은 상대가 아니라 두 사람이 마주한 세상이다. 설사 싸우게 되더라도 원만한 부부관계를 위해, 소중한 자녀를 위해 상대를 존중하며 싸우는 지혜가 필요하다.

2

설득할 것인가, 설득당할 것인가

이해와 호감을 부르는
설득화법

누군가를 설득한다는 것은 그의 마음을 움직여 내 편이 되게 하는 것이다. 우리는 흔히 논리를 동원하게 되는데, 문제는 논리만으로는 사람을 설득하기 어렵다는 사실이다. 영업에 종사하는 분으로부터 들은 이야기다.

"아무리 상품 설명을 잘해도 나에게 호감이 없으면 고객이 마음을 열지 않습니다."

사람의 마음은 눈에 보이지도, 손에 잡히지도 않는다. 바람에 흔들리는 갈대처럼 수시로 바뀌는 게 사람 마음이다. 세상에 이보다 얻기 어려운 것이 없다. 우리가 이미 알고 있다고 생각하는 설득화법에 대해 좀 더 깊이 알아야 할 이유다.

설득 화법 1

지적이 아닌 배려의 한마디를

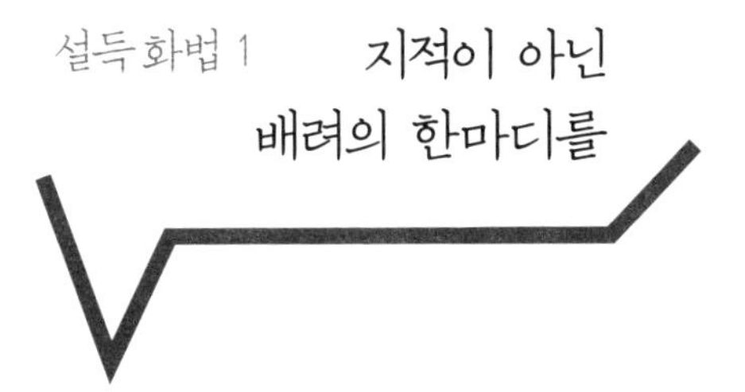

금슬 좋은 부부로 소문난 어느 유명 연예인 부부의 인터뷰가 아직도 SNS에서 회자되고 있다.

"왕 대접을 받고 싶으면 방법은 간단합니다. 아내를 여왕처럼 대접해주면 돼요."

남편의 말이다. 간단하면서도 명쾌하다. 정말로 그렇다. 대접받고 싶은 대로 상대를 대접하면 된다. 우리의 모습은 어떨까?

"오늘 월급날인데, 퇴근하고 비둘기살 먹으러 갈까?"

"어, 이상하다? 카드 마그네슘이 나갔나 봐. 계산이 안 된다네?"

만약 배우자가 이렇게 말했다면 당신은 어떤 반응을 보였겠는가?

1. 잘못 표현한 부분을 바로잡아준다.

2. 알아들었으므로 굳이 지적하지 않고 넘어간다.

1번은 나의 남편 스타일이다. 워낙 정확한 것을 좋아해서 잘못된 부분이 있으면 참지 못하는 성격이라 약간의 실수나 실언도 용납하지 않는다. 바로 그 자리에서 지적하고 바로잡으려 든다. 아마 내가 비둘기살이라고 했다면 남편은 크게 웃으며 이렇게 지적했을 것이다.

"갈매기살 아니고?"

남편은 확인도 곧잘 한다. 제대로 알고 있는지 말이다. 이런 식이다.

"오늘은 CEO들을 대상으로 스피치 강의 하러 가는 날이야. 강의 마치고 내가…."

그때 남편이 말을 툭 자르고 묻는다.

"CEO 스펠링 불러봐."

"…."

알고 모르고를 떠나 병적으로 확인하려 드는 남편의 반응이 마땅치 않다. 이런 적도 있다.

"역지사지해봐. 지금 내가 급하게…."

말이 끝나기도 전에 남편이 가방에서 종이와 펜을 꺼낸다.

"너, 여기에 역지사지 써봐. 한자로."

순간 짜증이 확 치밀어 올랐다. 이뿐만이 아니다. 남편은 시사 상식, 사회적 이슈 등에 대해 수시로 묻는다. 내가 모른다고 하거나 대답이 틀리기라도 하면 뭐가 그리 좋은지 낄낄거리며 웃는다. '잘났어 정말'이라는 말이 입안에서 뱅뱅 돈다. 배려 없는 남자 같으니라고.

반면 나와 함께 방송을 진행했던 아나운서 언니의 남편은 아내가 실수를 해도 대수롭지 않게 넘긴다.

"오늘 월급날인데, 퇴근하고 비둘기살 먹으러 갈까?"

언니의 말에 형부는 아무렇지 않은 듯 이렇게 대답했다.

"그럴까? 나는 항정살도 좋아. 다 먹자, 우리."

형부는 내가 일하던 교통방송(TBN한국교통방송)의 감독이었다. 나는 언니와 형부의 대화를 자주 들을 수 있었고, 그날은 우리가 함께 고기를 먹으러 가려던 참이었다.

'비둘기살, 비둘기살, 비둘기살….'

내 머릿속에서는 비둘기살이란 단어가 무한 재생되고 있었다. 내 남편이라면 절대 그냥 넘어가지 않을 단어였다.

언니는 말할 때 부적절한 단어를 쓰는 경우가 종종 있었다. 누가 지적을 해도 해맑게 웃어넘기곤 했다.

"아, 그래요? 제가 그랬나요? 호호호."

그 모습이 재미있으면서도 신기해서 물었다.

“아니, 언니. 언니는 그렇게 잘못 말하면 형부가 지적질 안 해? 무식하다고 안 해?”

“어우, 야. 그게 뭐 대수라고! 그이는 내가 ‘팥’ 해도 ‘콩’, ‘콩’ 해도 ‘팥’으로 다 알아들어. 부부 사이에 무슨 지적질이고 확인질이니?”

‘내 남편은 확인질, 지적질 대마왕인데, 휴우….’

음식을 먹고 나오는데 계산대 앞에서 언니가 또 실수를 했다.

“어, 이상하다? 카드 마그네슘이 나갔나봐. 계산이 안 된다는데?”

나는 너무 웃겨 큰소리로 웃고 말았다. 하지만 형부는 아무렇지 않게 다른 카드를 내밀었다.

“언니, 마그네슘이 뭐야! 하하하하.”

그러다 황급히 입을 다물었다. 내가 지금 남편하고 똑같은 행동을 하고 있지 않은가. 이런, 맙소사! 그렇게 못마땅해하던 남편의 말투를 내가 그대로 따라 하다니….

‘부부는 닮는다더니, 언제 내가 이런 걸 배운 거지?’

불과 10초 사이에 10년은 늙은 기분이었다.

행복한 부부관계를 위해서는 대화를 많이 하는 것도 중요하지만, 상대를 존중하고 배려하는 화법을 사용하는 것이 더 중요하다. 조롱하듯 지적하거나 상대를 피곤하게 하는 반응은 관계를 손상시킬 뿐이므로 안 하느니만 못한다. 존중하고 포용하는 마음으로 상대를 최대한 편하게 해주는 것이 좋다. 관계는 맞고 틀림이 아니라 이해와 수용 여부가 좌우한다. 그렇지 않아도 쉽지 않은 세상살이다. 집을 나서면 전쟁터와도 같은 치열하고 고단한 삶이 펼쳐진다. 세상에서 가장 가까운 사이인 부부가 서로의 편이 되어 힘과 용기를 불어넣어주어야 한다. 부부는 그러려고 맺은 인연이다.

설득 화법 2

말에도 분위기가 있다

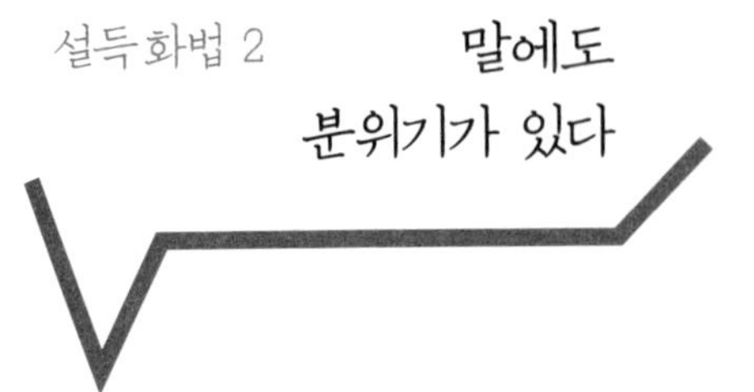

같은 말이라도 다른 의미로 받아들여지는 경우가 적지 않다. 내용이 같아도 전달되는 느낌, 즉 '어조'가 다르기 때문이다.

어조는 말의 분위기다. 내용이 아무리 좋아도 말로 전해지는 분위기가 부합하지 않으면 의미가 제대로 전달되지 않는다. 때로는 잘못된 어조가 완전히 다른 해석을 낳기도 한다.

"가은이가 Y대 합격했다며?"

남편의 말에 나는 기분이 확 상하고 말았다. 말인즉슨 사실을 확인하는 것이었지만, 말에서 풍기는 뉘앙스가 영 아니었기 때문이다. 처조카의 합격을 기뻐하고 축하하는 마음이 아니라 이죽거리는 투로 말하는 것이었다. '뭐야, 그렇게 공부 잘한다고 자랑자랑 하며 전국 수석이라도 할 것처럼 굴더니 겨우 Y대에 들어간 거냐'며 비웃는 듯 보였다. 평소에도 남편은 처가 사람들에 대해 조롱을 섞어 말하는 경우가 종종 있었다. '너네 집안이 그렇지 뭐…'라는 생각을 갖고 있지 않으면 나올 수 없는 말들을 내뱉곤 했다.

만약 남편이 반가운 소식을 접한 사람처럼 말했다면 얼마나 좋았을까. 자신도 그렇고 나도 그렇고 기쁨이 배가되었을 것이다.

/

주말엔 주로 집에서 가족과 함께 보내는 편인데, 한 스피치대회의 심사위원을 맡아 토요일 하루 집을 비우게 되었다. 남편과 아들에게 미안한 마음에 심사를 마치고 나서 맛있는 간식거리를 한 아름 사들고 귀가했다. 그런데 아뿔싸. 현관문을 열자마자 눈앞이 아득했다. 온 집 안이 난장판이었다. 집에 도둑이 들어 헤집고 돌아간 것 아닐까 싶을 정도였다. 더 놀라운 사실은 그 안에서 블록쌓기를 하고 있는 두 사내였다. 정신 사납게 흐트러진 공간에서 남편과 아들은 아무렇지 않게 놀이에 열중하고 있었다.

그 모습에 어안이 벙벙해진 내 입에서 절로 볼멘소리가 튀어나왔다.

"아빠나 아들이나 아주 똑같네. 이런 데서 놀고 싶어?"

"…"

내 말에 두 남자는 아무런 말이 없었다. 거기서 그쳤어야 했는데, 한마디 덧붙인 게 화근이었다.

"놀고 있네, 진짜!"

잠자코 있던 남편이 그 말에 버럭 소리를 질렀다.

"놀고 있네? 너, 지금 놀고 있냐고 했어? 하루 종일 애하고 놀아준 남편한테 고맙다는 말은 못할망정, 놀고 있네?"

정말이지 그럴 의도는 아니었다. 기분을 상하게 할 마음은 추호도 없었다. 하지만 내 말은 남편의 비위를 거슬렀고 역정을 내게 만들었다. 비꼬는 투의 어조가 빚은 결과였다. "따끈할 때 먹어야 맛있어요" 하며 사장님이 정성스럽게 싸주신 수제버거는 한 구석에서 그렇게 싸늘하게 식어갔다.

"여보, 힘들었죠? 고마워요. 덕분에 일을 잘 마쳤어요. 그런데 집 안이 좀 어수선하네요. 좀 치우면서 놀았다면 아이에게도 좋고 청소하기도 훨씬 수월했을 텐데요"라며 부드럽게 말했어야 했다. 그랬다면 주말 저녁 시간을 오붓하고 편안하게 보낼 수 있었을 것이다. 뒤늦게 후회가 밀려왔다.

아내 : 우리 이번 휴가 때 어디 갈까?

남편 : 일본 어때?

아내 : 미쳤어? 애들 생각은 안 해? 안 돼, 일본은.

남편 : 그럼 하와이 갈까?

아내 : 무슨 하와이야? 신혼여행 때 갔는데 뭣하러 또 가.

남편 : 아, 그럼 제주도는?

아내 : 지겹지도 않아?

남편 : 코타키나발루는 어때?

아내 : 싫어. 거긴 세 번이나 갔었단 말이야.

남편 : 그럼 어쩌라고? 됐어. 나도 피곤해. 여행 안 가!

아내 : 왜 짜증이야?

남편 : 다 싫다면서? 나보고 어쩌라고?

설레고 즐거워야 할 가족여행 준비가 결국 다툼으로 비화되는 경우가 많다. 이유를 분명히 밝히지 않으면서 반대만 하고 자신의 의견을 말하지 않으면 상대가 피곤하고 짜증이 날 수밖에 없다. 물론 의견을 내는 사람도 왜 그런 생각을 했는지 적절한 설명을 할 수 있어야 한다. 납득할 수 있는 설명 이상으로 중요한 것이 어조다. 설명이 충분해도 상대를 무시하는 느낌을 주거나 건성으로 이야기한다는 인상을 풍기면 관계만 악화되고 이내 싸움으로 번지기 쉽다.

말이 같아도 어조가 다르면 상대가 전혀 다르게 받아들인다. 부부니까, 일심동체니까 대충대충 이야기해도 다 이해할 것이라는 생각은 절대 금물이다. 오히려 그러한 생각으로 말하기 때문에 원만히 넘어갈 일에서도 싸움을 하게 되는 것이다. 의견을 말하거나 서로에 대한 생각을 나눌 때 혹여 자신의 어조에 문제는 없는지 돌아볼 일이다. 가장 좋은 방법은 상대에게 도움을 청하는 것이다.

"내가 말할 때 고쳐야 할 부분이 있으면 언제든 알려주세요."

설득은 상대에게 전달하려는 내용과 분위기가 조화를 이룰 때 성공할 수 있다.

설득 화법 3 대화에 생명을 불어넣는 '왜냐하면'

우리는 하루에도 수많은 말을 하기도 하고 듣기도 하며 살아간다. 우리는 종종 '왜?'라는 질문을 던진다. 상대에게 던지기도 하고 스스로에게 던지기도 한다. 그러한 질문을 통해 대화와 생각이 방향을 바꾸기도 하고, 추가적인 설명을 통해 새로운 사실을 알게 되기도 한다.

"우리, 하와이로 여행 가자. 신혼여행 때는 둘이었지만, 이번에는 셋이 함께 가자. 아이가 생겼으니 의미도 새롭잖아. 나팔리 해안에서 아이 사진도 찍어주고. 맞다, 그때 당신이 입었던 원피스가 참 예뻤는데, 이번에도 가지고 가면 좋겠네. 행복했던 신혼여행의 추억이 새록새록 떠오를 거야. 참, 알아보니까 호텔 할인도 받을 수 있겠더라고. 어때, 하와이? 괜찮지?"

만약 남편이 이렇게 말하며 여행을 권한다면 거부하기 쉽지 않을 것이다. 당장 "오케이!"라고 하지는 못하더라도 반대하지는 못할 것이다.

아내 : 여보, 오늘은 밖에서 밥 먹을까?

남편 : 피곤한데….

아내 : 외식하고 나서 마트에 들러 장 봐서 오자고.

남편 : 아, 나가기 싫은데….

아내 : …

남편 : …

부부 사이의 대화가 이런 식이면 집 안에 적막과 냉랭함만 가득할 것이다. 상대의 마음을 움직여 함께할 수 있는 분위기를 만들지 못하기 때문이다.

이보다 더 심한 경우는 마치 통보하듯 말하는 것이다.

/

"이번 달부터 어머니 용돈 10만 원씩 더 드릴 거야."

갑작스러운 말에 아내가 이유를 물으니 남편이 대답한다.

"어머니께 용돈 더 드리는 게 아까워?"

아내는 졸지에 어머니 용돈에 인색한 사람이 되고 말았다. 생각할 겨를도 없이 반대하는 사람으로 몰렸으니 기분이 좋을 리 없다. 이내 둘 사이에 언쟁이 벌어지거나 냉전에 돌입하게 된다.

여기서 남편이 몰아세우듯 말하지 않고 용돈을 올려 드리려는 이유가 무엇인지 설명해주었더라면 어땠을까? 설사 빠듯한 살림에 부담이 된다 하더라도 아내는 남편의 입장에서 이해하려고 노력할 것이다.

"여보, 어머니 용돈을 10만 원 올려 드리면 어떨까? 왜냐하면…."

일방적으로 통보하듯 말하면 듣는 사람이 받아들이기 어렵다. 왜 그러면 좋겠는지를 알려주면서 함께 고민해보자는 태도를 보여야 이해와 공감으로 원만한 합의에 도달할 수 있다.

던지듯 말하는 통보 외에 부부 사이에 조심해야 할 몇 가지 표현이 있다.

"야, 됐고."

"그건 아니지."

"내 말부터 들어봐."

"이렇게 해."

이렇게 상대의 말에 제동부터 걸고 자기주장만 내세우는 것은 대화라고 할 수도 없다. 차라리 안 하느니만 못하다. 관계에 전혀 도움이 안 될뿐더러 오히려 악화시키기만 할 뿐이다.

설득에는 설명이 필수불가결하다. 듣는 사람이 말하는 사람의 생각을 알고, 자신이 어떻게 하면 좋을지를 판단할 수 있게끔 적절한 내용을 전달해야 한다. '왜냐하면'으로 시작하여 성의를 다해 친절하게 설명한다면 대화가 훨씬 풍성해지고 생명력이 생겨 상대의 동의와 행동 변화를 이끌어낼 수 있다.

설득화법 4

말할 때도 들을 때도 기억해야 할 PREP

2차 세계대전을 승리로 이끈 주역 가운데 한 사람인 처칠 영국 수상은 '설득의 달인'으로 통한다. 절체절명의 위기 상황에서 뛰어난 연설로 국민들을 일치단결시켜 독일의 침공을 막아내는 큰 공을 세웠다.

"우리는 해변에서 싸울 것입니다. 우리는 상륙 지점에서 싸울 것입니다. 우리는 들판과 거리에서 싸울 것입니다. 우리는 언덕에서 싸울 것입니다. 우리는 절대로 항복하지 않을 것입니다!"

사람들의 심금을 울린 처칠의 명언은 많다. 하지만 그는 타고난 연설가가 아니었다. 실제로는 말더듬이였다. 그는 자신의 약점을 극복하기 위해 말 한마디, 동작 하나에 세심한 주의를 기울였고, 20세기 최고의 연설가로 거듭날 수 있었다. 그가 즐겨 사용한 화법이 있다. 바로

'PREP(프렙)'이다. 처칠을 설득의 달인으로 만들어준 기법이라 할 수 있으며, '처칠식 말하기 기법'으로 불리기도 한다. 순서는 다음과 같다.

Point : 전달하려는 핵심 메시지
Reason : 주장의 이유 설명. 주로 주관적 근거
Example : 뒷받침하는 사례 제시. 객관적 데이터
Point : 마지막으로 한 번 더 핵심 메시지 강조

이와 같은 PREP 기법은 대중 연설은 물론 기사 작성과 일상 대화에서도 유용하게 쓸 수 있다. 말하기뿐 아니라 듣기에서도 아주 효과적이다.

밤 11시가 다 되어 남편이 들어왔다. 하루 종일 아무런 연락도 없다가 그 시간에 들어와서 겨우 한다는 말이 "밥 줘"라면 어느 아내가 좋아할까. "아이고, 우리 서방님. 시장하시와요? 얼른 밥상 대령할게요"라며 반겨줄 리 만무하다. 이때 PREP 기법을 사용해보자.

P : 여보, (늦은 시각에 미안한데) 밥 좀 차려줄 수 있어?
R : 지금 배가 너무 고파서 그래.
E : 하루 종일 회의에 외근에 정신없이 보내느라 밥 한 끼 못 먹었어. 당신한테 연락할 틈도 없었네.

P : (번거롭게 해서 미안한데) 밥 좀 차려줄래?

이렇게 말한다면 아내는 십중팔구 속상했던 마음을 가라앉히고 늦게까지 일한 남편을 헤아리는 마음으로 서둘러 밥상을 차려줄 것이다. 남편의 상황과 심정을 충분히 이해하게 되었기 때문이다.

여기서 유용한 팁 하나. PREP 기법에 '쿠션어'를 더하라는 것이다. '미안하지만', '번거롭겠지만', '이해해준다면' 등의 쿠션어를 사용하면 뒤에 따라오는 말의 내용이 훨씬 더 부드럽게 전달될 수 있다. 또 하나, 명령형이 아닌 청유형으로 말할 것을 권한다. 명령은 듣는 사람을 수동적으로 만들지만, 청유는 능동적으로 만들어 스스로 몸을 움직이게 한다.

/

중학교 동창 모임에 다녀온 아내의 표정이 영 좋지 않다. 들어오자마자 식탁 의자에 철퍼덕 앉더니 한숨을 쉬며 소파에 앉아 있는 남편을 못마땅한 듯 쳐다본다. 뭔가 불만이 가득한 표정이다. 잠시 후 "아, 매운 거 먹고 싶다. 스트레스 확 날아가게"라며 내뱉듯이 말한다. 이럴 때 남편은 어떻게 해야 할까? 혼자 그러다 말게 안방으로 조용히 피신하는 게 상책이라고 생각할 수도 있지만 그것은 하책 중의 하책이다. 아내의 심기를 상하게 한 것이 뭔지는 모르더라도 피하지 말고 PREP 기법을 활용하면 시한폭탄을 제거하듯 폭발 직전의 상황을 무사히(?) 넘길 수 있다. 상대의 행동과 말에서 의중을 파악하여 문제적 상황을 슬기롭게 해결할 수 있다.

P : (이 사람이 하고 싶은 말이 뭐지?) 매운 게 먹고 싶다.

R : (그 말을 하는 이유는?) 스트레스를 풀 때는 매운 걸 먹는 게 좋으니까.

E : (아하, 전에도 그랬었지) 아내는 과거에도 열 받는 일이 생길 때마다 냉면이나 닭발 같은 매운 음식을 먹으며 땀을 뻘뻘 흘렸어.

P : (알겠어. 이렇게 해야겠네) 그래, 지금 아내에게 매운 음식을 사주자.

PREP 기법은 말하기의 설득 효과가 아주 높을뿐더러, 듣기에서도 상대가 말하는 요점을 정확히 파악할 수 있게 해주는 최고의 방법이다. 영국 속담에 '지혜는 듣는 데서 오고 후회는 말하는 데서 온다'는 말이 있다. 소통의 시작은 잘 듣는 것이다. 상대의 생각을 최대한 존중하고 이해한 다음 나의 의견을 이야기하면 설득력이 훨씬 더 높아진다.

세계적인 컨설팅그룹 맥킨지에서는 신입사원을 뽑을 때 '엘리베이터 테스트'를 거친다. 지원자들에게 자료집을 주고 읽게 한 뒤 엘리베이터를 타고 가는 동안 내용을 브리핑하게 한다. 적지 않은 분량의 내용을 20초 내외의 짧은 시간에 설득력 있게 전달하기란 쉽지 않은 일이다. 하지만 방법이 있다. PREP 기법을 사용하면 된다. 자신의 생각과 주장을 명료하면서도 효과적으로 표현할 수 있기 때문이다. 맥킨지에서는 이와 같은 스피치 훈련을 무엇보다 중시한다.

"스피치 교육이 필요합니다. 개발자들이 외부 고객과 소통하는 데 어려움을 겪고 있기 때문입니다. 실제로 지난달 스피치 교육을 받은 후 고객 컴플레인이 30% 감소했습니다."

PREP 기법은 모든 형태의 커뮤니케이션에서 설득력을 높여주는 유효한 방법이다. 부부간 대화에서도 이 기법을 활용해볼 것을 권한다. 내가 원하는 것과 상대가 필요로 하는 것을 제때 파악하고 제대로 전달한다면 자칫 틀어질 수 있는 관계가 오히려 개선될 것이다.

설득 화법 5 철없는 푸념에 대처하는 슬기로운 응답

결혼하고 아이를 낳아 키우게 되면 확연히 달라지는 것이 있다. 친구들과의 만남이다. 특별한 일이 아니면 하루가 멀다 하고 만나던 친구들을 만나기가 어려워진다. 자연 수다를 떨 기회가 줄어든다. 자주 보는 직장 동료나 거래처 사람이 있지만, 사적인 대화를 편하게 주고받기에는 불편하다. 결과적으로 남는 사람이 남편이고 아내다. 별 대수롭지 않은 이야기도 거리낌 없이 나눌 수 있는 존재. 그래서 우리는 서로를 평생의 반려자로 선택했는지 모른다.

/

하루는 내가 남편에게 이런 푸념을 늘어놓았다.

"여보, 오늘은 너무 바빠서 점심도 제대로 못 먹었어. 겨우 빵을 사다가 커피랑 계속 먹어서 그런지 속이 계속 니글거리네."

당신이라면 어떻게 대꾸하겠는가? 내 남편은 이랬다.

"야야, 자꾸 그런 것만 먹고 다닐래? 넌 죽어서 무덤에 들어가도 썩지 않을 거야. 인스턴트식품을 너무 많이 먹어서 말이야."

그 말을 듣는 순간 속에서 부아가 치밀었다. 한 대 쥐어박고 싶었다. 편하게 털어놓는 아내의 푸념에 그 정도로밖에 답을 하지 못한단 말인가. 입장을 바꾸어 나를 조금이라도 이해하고 배려하는 생각이 있었다면 그렇게 말하지 않았을 것이다. 실망스러운 반응에 꼴도 보기 싫어진다. 물론 남편은 내심 바쁜 일정에 쫓기는 내가 안쓰럽고 걱정되었을 수도 있다. 그런 마음을 역으로 표현했을 수도 있다. '그러니까 왜 자꾸 밥때를 놓치며 사느냐고.'

배우자가 귀에 거슬리는 이야기를 주절주절 늘어놓을 때 어떻게 응수하는 것이 좋을까? 기본은 그의 입장이 되어 왜 그런 이야기를 하는지 살피고 공감 반 해답 반의 반응을 보이는 것이다. 여기서 앞서 소개한 PREP 기법을 활용하면 쉽지 않은 상황을 어렵지 않게 풀어나갈 수 있다. 실습 차원에서 위의 상황을 염두에 두고 아래의 빈칸에 당신의 생각과 반응을 적어보기 바란다.

들을 때

Point(핵심 메시지) :

Reason(이유, 근거) :

Example(사례, 자료) :

Point(결론, 핵심 메시지) :

답할 때

Point(핵심 메시지) :

Reason(이유, 근거) :

Example(사례, 데이터) :

Point(결론, 핵심 메시지) :

다 적었는가? 느낌이 어떤가? 상대의 푸념에 앞뒤 가리지 않고 내 기분에 따라 즉각적인 반응을 보였던 지난날의 모습이 떠오르지 않는가? 처음이라 빈칸을 채우기가 쉽지 않았을 수도 있다. 하지만 조금 더 연습하면 이내 익숙해질 수 있다. 정해진 답이 있는 것은 아니지만, 참고가 될 만한 답을 제시한다.

들을 때

Point(핵심 메시지) : 지금 아내의 속이 좋지 않다.

Reason(이유, 근거) : 온종일 바빠서 밥을 챙겨 먹지 못했다.

Example(사례, 데이터) : 밥 대신 빵과 커피만 계속 먹는다면 건강이 상할 것이다.

Point(결론, 핵심 메시지) : 아내의 건강을 위해 밥상을 차려서 함께 먹어야겠다.

답할 때

Point(핵심 메시지) : 얼른 저녁을 차려 먹자.

Reason(이유, 근거) : (왜냐하면) 그러다가 당신 건강 해치겠다.

Example(사례, 데이터) : 빵하고 커피만 계속 먹으면 몸이 상한다는 뉴스 봤지?

Point(결론, 핵심 메시지) : 그러니까 저녁이라도 제대로 챙겨 먹어야지.

일요일 밤, 〈개그 콘서트〉를 보던 남편이 진담인 듯 농담인 듯 볼멘소리를 한다.

"아, 벌써 내일이 월요일이네. 회사 가기 싫다. 김 부장 때문에 얼마나 피곤한지 몰라. 나랑 정말 안 맞아. 나도 회사 그만두고 치킨집이나 차릴까?"

대한민국 주부라면 누구나 한두 번쯤 이런 소리를 들어보았을 것이다. 그 심정을 모르는 바 아니다. 가정을 위해 윗사람 비위 맞춰가며 싫은 내색 하지 않고 직장에 충실해야 하는 삶의 스트레스가 어깨를 짓누르곤 할 것이다. 그렇다고 하소연할 곳도 마땅치 않다. 아내에게 이야기해본들 본전도 찾기 어렵다는 걸 잘 아니까.

"치킨집은 아무나 해? 치킨집 같은 소리 하고 있네. 치킨집 차릴 돈 있으면 나나 줘."

아내의 말에 남편은 가슴이 턱 막히고 만다. 그냥 해본 소리가 아니라 진심인데, 견디기 어려워 고심 끝에 꺼낸 말인데, 꺼내기가 무섭게 핀잔을 들으니 그 마음이 오죽할까. 주머니 속에서 며칠간 굴러다녀 쭈글쭈글해진 영수증처럼 너덜너덜해졌을 것이다.

세상의 남편들은 생각보다 겁이 많다. 아무리 힘들고 자존심이 상해도 자기 생각만 하고 충동적으로 사표를 집어던지는 남편은 그리 많지 않다. 그의 뒤에 가족이 있기 때문이다. 아내는 남편의 투정이 다소 철없어 보이더라도 면박을 주듯 대꾸하지 말고 한 번쯤 생각해보아야 한다.

'왜 이 사람이, 이 시점에서, 이런 말을 할까?'

현명한 대처를 위해 다시 PREP 기법을 활용해보자.

들을 때

Point :

Reason :

Example :

Point :

답할 때

Point :

Reason :

Example :

Point :

나는 남편이 간혹 회사생활을 접고 싶다고 말할 때 더 큰 소리로 말한다.

Point : 그래? 난 당신 힘든 거 싫어. 당장 때려치워!

Reason : 걱정 마. 날 믿어. 내가 먹여 살릴게!

Example : 지금 추진하는 프로젝트가 정상화되면 수익이 늘어날 거야. 그때 당신이 날 도와주면 되겠다. 미영이 알지? 걔도 남편의 도움으로 완전 잘나가잖아.

Point : 난 괜찮으니 언제든 정리하고 싶으면 정리해.

물론 남편은 아직까지 회사를 잘 다니고 있다.

사실 남편들은 뭔가 대단한 것을 바라고 속마음을 드러내는 것이 아니다. 현재의 어려움을 토로하고 다시 일어설 수 있는 기운을 얻고 싶은 것이다. 그래서 배우자의 슬기로운 응답이 중요하다. "괜찮아, 당신은 할 수 있어! 힘내"라며 파이팅을 강요하거나 "시끄러워"라는 말로 외면하듯 응수하지 말고, 상대의 심정을 수용하고 스스로 일어설 수 있게 믿음과 애정으로 화답하는 것이 좋다. 부부관계뿐 아니라 모든 인간관계를 지속시키고 발전시키는 힘이 여기서 나온다.

설득 화법 6 가끔은, 잠시, 기다려주기

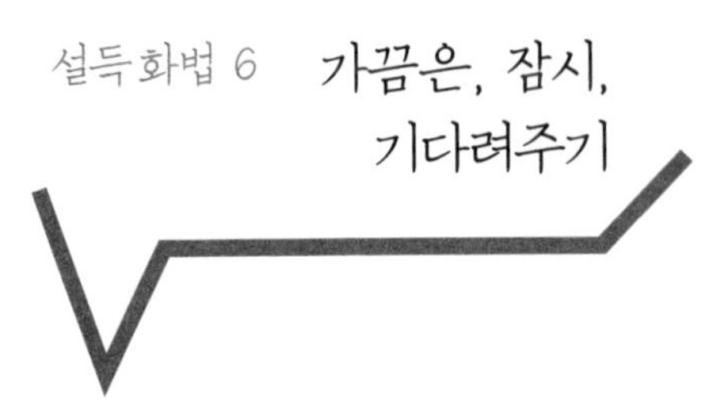

친하게 지내는 한 PD가 들려준 이야기다.

전날 저녁 퇴근한 남편이 무슨 일이 있었는지 어두운 얼굴로 한숨만 푹푹 내쉬고 있었다. PD는 그런 남편을 보며 회사에서 뭔가 틀어졌나 보다 짐작했지만, 굳이 따져 묻지 않고 스스로 말할 때까지 조용히 기다려주었다. 평소와 다름없이 함께 식사를 하고 TV 뉴스를 시청했다. 그러면서 마음이 풀렸는지 남편이 그날 있었던 일들을 털어놓기 시작했다. 들어보니 답답하고 분한 감정이 충분히 이해되었다. 그녀는 "정말 힘들었겠네. 사람들이 왜 그 모양이야?"라며 남편의 입장이 되어 몇 마디 말을 하고 다른 조언은 하지 않았다.

다음 날 아침, 그녀는 출근하는 남편에게 돈을 건네며 말했다.

"오늘은 퇴근하고 한잔하고 와. 묻지도 따지지도 않을게."

남편은 피식 웃으며 현관문을 나섰고, 그날 밤 SNS에 '마누라가 쏘는 쐬주 한잔'이라는 인증샷을 남겼다. '인생 뭐 있어. 한잔하고 털어버려야지. 마누라 고마워'라는 글귀와 함께.

나는 PD의 이야기를 듣고 정말 잘했다는 생각이 들었다. 만약 그녀가 시무룩한 남편에게 다가가 꼬치꼬치 이유를 캐묻거나 어설픈 조언을 했다면 무거운 마음이 가벼워지기는커녕 더 혼란스러워지거나 도리어 아내에게 분풀이를 하게 되는 최악의 상황이 벌어졌을지도 모른다.

때로는 백 마디 위로의 말보다 기다려주는 시간이 필요하다. 잘잘못을 떠나 마음이 힘든 나머지 말없이 조용히 있고 싶은 사람에게 왜 그랬느냐, 그래도 힘내라, 참아라, 차라리 사표 써라 등의 말은 하등 도움이 되지 않는다. 가만히 지켜보면서 당사자가 복잡한 감정을 추스르고 하고 싶은 말을 꺼낼 때까지 기다려주는 것이 현명하다.

칼국수나 된장찌개를 끓일 때 조개를 넣는 경우가 많다. 그런데 넣기 전에 조개를 소금물에 일정 시간 담가둔다. 이를 해감한다고 한다. 조개가 안에 머금고 있는 흙이나 불순물을 뱉어내게 하려는 것이다. 사람이 억지로 빼내려 하면 절대 빠지지 않지만, 이 과정을 거치면 깨끗한 조개를 얻을 수 있다. 사람의 감정도 조개의 해감과 유사한 측면

이 있다. '감정 해감'이라는 말도 있듯이, 사람 안에 감정의 찌꺼기가 남아 있으면 다른 사람과의 대화나 교감에 장애가 생긴다. 조개를 소금물에 담가두는 것처럼, 사람도 성난 감정을 가라앉히고 비워내는 시간을 가져야 한다. 그러고 나야 PD의 남편처럼 언짢은 기분을 털어버리고 새로운 마음으로 하루를 맞이할 수 있는 것이다.

흔히 우리는 배우자에게 무슨 문제가 있어 보이거나 설득할 일이 생기면 서둘러 해결하려 든다. 상대가 어떤 상태에 있는지, 혼자 내버려두기를 바라는지, 말을 붙여도 좋은지를 먼저 생각하지 않고 다짜고짜 말해보라 재촉하고 자신의 말대로 하라고 압박한다. 말 그대로 가만 놓아두질 않는다. 그래서는 안 된다. 상대의 상태를 살펴 스스로 정리할 여유를 주고 감정을 해감하여 속을 드러낼 수 있게 기다릴 줄 알아야 한다. 기다림이 최상의 해결책일 때가 있다.

설득 화법 7 나의 배우자는 어떤 사람인가

그녀는 비교적 성공적인 삶을 살아왔다. 학창 시절에는 공부 잘한다는 소리를 자주 들었고, 미술과 음악은 물론 운동에서도 두각을 나타냈다. 시험은 봤다 하면 합격이었다. 남들은 못 가서 안달인 회사를 한두 곳도 아닌 여러 곳에 지원하여 보란 듯이 합격 통지를 받았다. 공중파 방송사, 항공사, 굴지의 대기업 중에서 어느 곳을 택하면 좋을지 행복한 고민에 빠지기도 했다. 모든 면에서 부러움을 한 몸에 받는 그녀도 못하는 게 하나 있었으니, 바로 연애였다.

연애를 못하니 자연 결혼이 늦어졌다. 혼기가 꽉 찼는데도 사귀는 사람이 없었다. 남자에게 관심이 없었던 걸까? 아니면 다른 문제라도 있는 걸까? 부모님도 친구도 홀로 살아가는 그녀를 걱정했다.

그러던 어느 날, 그녀가 집에 남자를 데리고 왔다. 결혼하고 싶은 사람이라며 남자를 소개하는 그녀를 보고 부모님을 비롯한 가족들은 너나 할 것 없이 반가워했다. 그리고 이내 궁금해했다.

'이 남자가 어떻게 했기에 가까이하기엔 너무 먼 존재 같았던 그녀에게서 결혼 약속을 받아낼 수 있었을까?'

남자에게 어떤 특별한 연애 기술이 있어서가 아니었다. 화려한 연애 경력의 소유자도 아니었다. 그렇지만 결정적 계기가 된 사건(?)이 있었다.

비가 억수같이 내리는 어느 날 밤이었다. 그녀가 심야 방송을 마치고 나오는데 불현듯 그가 나타나 작은 화분을 건네며 말했다.

"비가 너무 많이 와서 바래다주려고…."

다정한 말투는 아니었지만, 그녀는 남자의 호의가 싫지 않았다. 그의 차를 타게 되었고, 두 사람은 깊은 밤 빗길을 동행하게 되었다. 결국 집으로 가는 그 20여 분이 그녀의 마음을 그에게로 향하게 만들었다. 무슨 대화가 오갔던 것일까?

밖은 여전히 세찬 비가 내리고 있었지만 차 안은 조용했다. 잔잔한 음악이 흐르는 가운데 그는 운전을 하고 그녀는 손에 화분을 들고 있었다. 낮게 깔리는 중저음의 목소리가 좋은 그가 그녀의 감성을 건드리며 결혼 이야기를 꺼냈다. 왜 그녀와 결혼하고 싶은지, 자기랑 결혼하면 무엇이 좋은지, 어떻게 해줄 것인지를 진정성을 담아 차분하게 이야기했다. 그녀는 그의 말을 거부할 수 없었고, 결국 35년간 굳게 닫혀 있었던 마음의 문을 열게 되었다.

이 이야기에 등장하는 그녀가 바로 이 글을 쓰는 나다. 돌이켜보면 한편 어처구니가 없기도 하지만, 다시 그 상황으로 돌아간다 해도 같은 결심을 하게 될 것 같다.

그렇다면 나는 그 남자의 무엇에 이끌렸던 걸까? 낭만적 분위기와 울림 있는 목소리도 한몫했을지 모르지만, 결정적인 건 그의 화법이었다. 생각과 감정을 움직인 설득화법이 나로 하여금 청혼을 받아들일 수밖에 없게 만든 것이다.

남편의 설득화법에는 Why, What, How 3가지 요소가 잘 버무려져 있었다.

Why : 왜 이 말을 하는가? 센티멘털해지기 딱 좋은 최적의 시간대와 날씨. 감성의 영향을 많이 받는 그녀에게 그는 사랑 고백을 결심했다.

"너와 나의 행복한 미래를 위해서. 지금도 행복하지만 결혼을 하면 분명히 양적으로 질적으로 더 행복해질 수 있어. 그리고 편찮으신 부모님에게 최고의 효도이자 선물이 될 거야. 너는 효녀잖아."

What : 그래서 무엇을 말하려는 것인가?

"너는 나와 결혼을 해야 해. 결혼한다고 크게 달라지는 것은 없어. 달라지는 게 있다면 행복지수가 더 올라간다는 거야. 매일 시간에 쫓기며 일하는 너에게 내가 큰 버팀목이 되어줄게 . 오늘처럼 이렇게 비오는 날 우산 같은 존재도 되어줄 수 있어. 살림? 육아? 더 잘하는 사람이 하면 돼 . 난 자취생활을 오래 했어. 돕는 정도가 아니라 뭐든 같이 할 수 있어. 내가 더 많이 할게."

How : 그것이 어떤 영향을 낳을 것인가?

남편은 결혼 전과 후의 내 삶에 변화는 없으며, 있다면 행복지수가 향상될 뿐일 거라고 말했다. 항상 일이 먼저였던 내게 결혼 후에도 변수는 없다는 말, 늘 뭐든 함께 하겠다는 말은 그야말로 결정타였다.

사람은 이해와 동의 없이는 움직이지 않는다. 스스로 설득이 안 되기 때문이다. 설득을 위해서는 말하는 이유와 요지, 효과를 명확히 전달해야 한다. 남편이 내게 했던 말처럼 말이다.

이쯤 되면 또 하나 궁금한 게 있을 것이다. 내 남편은 결혼 후에 진짜로 모든 일을 '분담'했을까? 가사든 육아든 다른 무엇이든? 만약 그랬다면 나는 이 책을 쓰지 않았을 것이다.

설득은 어떻게 전달하느냐가 중요하다. 우리가 화법에 관심을 갖고 공부하는 이유다. 그런데 화법만큼, 아니 그 이상으로 중요한 것이 있다. 대화 상대에 대한 분석이다. 이른바 '청중 분석'으로, '경청', '공감'과 함께 설득화법에서 가장 중시하는 요소다. 상대를 알지 못하면 아무리 말이 그럴싸해도 설득은 불가능하기 때문이다. 나의 남편이 된 그 남자는 나도 모르게 나를 분석하고 있었다. 날씨에 민감하고 비 오는 날을 유독 좋아하며, 꽃과 화분을 즐겨 사고, 목소리에 약한 감성적인 여자라는 사실을. 그의 말에 설득력이 더해진 것이 프러포즈가 성공할 수 있었던 핵심 요인이었다.

일반 대중을 대상으로 한 강연에서도 청중 분석은 필수다. 대상이 여자인지 남자인지, 중년인지 청년인지, 직업, 직위, 지역에 따라 내용이나 강도를 달리할 필요가 있다. 그들의 눈높이에 맞출 뿐만 아니라 그들의 언어를 사용하여 깊은 공감대를 형성한다면 거의 완벽한 강연이라고 할 수 있다.

부부간 대화에서 청중은 배우자다. 배우자라면 같이 살면서 누구보다 서로를 잘 아는 사이인데 굳이 분석이 필요할까? 절대 필요하다! 오히려 다른 사람보다 더 세밀하고 구체적인 분석이 필요하다. 척 보면 안다고 말하지만 실제로는 그렇지 않다. 가깝다는 이유로 오히려 남들보다 소홀하기 쉬운 관계가 부부다. 원만하고 행복한 부부생활을 위해서는 더 세심한 관심과 분석이 뒷받침되어야 한다. 말을 꺼내기 전에 배우자를 살펴보기 바란다.

지금 배우자의 심리 상태는 어떤가

기분이 좋은가, 나쁜가

배가 고픈가, 부른가

피곤한가, 컨디션이 좋은가

무슨 일이 있었는가

…

바쁜 일과로 녹초가 되어 들어온 남편에게 아내가 TV 홈쇼핑에 나오는 실내 자전거를 가리키며 사자고 말한다면 어떻게 될까? 어떤 상황이 벌어질지 짐작할 수 있을 것이다. 아들이 남긴 밥과 반찬이 아깝다며 배가 부른데도 마저 먹는 아내의 모습을 보고 남편이 "그러니까 살이 찌지!"라며 혀를 끌끌 찬다면 아내의 심정이 어떨까? 배우자를 살피지 않고 툭툭 던지는 말이 서로에게 상처를 남기고 싸움을 유발한다.

배우자 분석은 그리 어려운 일이 아니다. 조금만 관심을 기울여도 얼마든지 배우자의 심리 상태와 필요를 알아차릴 수 있다. 여기에 배우자를 향한 공감과 경청을 더해 대화한다면 모두가 부러워하는 부부관계를 만들어갈 수 있을 것이다.

설득 화법 8

하고 싶은 말은 햄버거처럼 전달하라

사람들이 즐겨 먹는 햄버거는 두 조각의 빵 사이에 패티와 양상추, 치즈 등을 넣어 만든 음식이다. 빵과 내용물을 적절히 배합하여 먹기에 편리하게 만들었다. 빵이 없거나 한 조각만 있다면 여간 불편하지 않을 것이다. 내용물이 너무 많아도 부피가 커서 먹기가 어려울 것이다. 부부 대화도 이와 다르지 않다.

상대에게 무언가를 부탁하거나 동의를 구해야 할 일이 있을 때 바로 본론으로 들어가는 경우가 있다. 이는 빵이 없는 햄버거처럼 상대를 당혹스럽게 만든다. 빵이 없으면 내용물이 쏟아져 내려 입으로 가져가기조차 어려울 것이다. 마찬가지로 아무런 설명 없이 하고 싶은 말만 한다면 듣는 사람은 황당할 수밖에 없다. 남편이 갑자기 "나 차

바꿀 거야"라고 말하며 신제품 카탈로그를 던지듯 건넨다면 아내가 "아, 그렇게 해요"라며 기꺼이 받아들일 수 있을까? 99% 싸움으로 이어질 가능성이 높다. 차를 바꾸고 싶다면 빵 사이에 내용물을 넣듯 순서를 갖추어 말해야 한다.

"여보, 잠깐 이야기 좀 할 수 있을까? 이번에 차를 바꾸려고 하는데…."

차를 바꾸려는 이유와 저간의 사정을 알아듣기 쉽게 설명할 필요가 있다. 그래야 아내도 들으며 생각할 시간을 갖고 대화에 동참할 수 있게 된다.

내용물에 해당하는 본론은 어떻게 전개하는 게 좋을까? 되도록 핵심 위주로 간략하게 이야기한다. 부피가 큰 내용물은 먹기에 부담스럽다. 장황한 본론 역시 듣기에 불필요한 인내심을 요한다. 본론을 말할 때는 다음과 같이 3가지 이유만 제시해도 효과를 볼 수 있다.

하나. 차가 낡았다. 아이들도 함께 타는 차인데 안전을 위해서라도 바꿔야 한다.

둘. 싸게 구매할 절호의 기회다. 카드 할인, 이벤트 등 여러 혜택을 볼 수 있다.

셋. 당신에게 어울린다. 당신이 좋아하는 보랏빛이 돈다.

여기서 끝이 아니다. 이유를 확실히 전달했다 해도 마지막 한 방, 마무리가 중요하다. 내용물을 감싸는 빵을 덧대듯 수용하기 쉽게 한 마디를 덧붙이는 것이 좋다.

"여보, 이번에 차를 바꾸려고 하는데, 당신 생각은 어때? 당신도 알겠지만 차가 너무 낡았잖아. 게다가 마침 절호의 기회가 생겼어. 할인에다 이벤트 혜택까지 준대. 색깔도 당신이 좋아하는 보라색이야. 좋지 않아? 평소에 당신이 한 푼이라도 아끼려고 애쓰는 거 잘 알아. 그래서 더 이번 기회를 놓치고 싶지 않아. 저렴하게 구입해서 안전하게 타고 다니자. 아이들 등하교도 시키고, 마트도 가고, 여행도 가자. 나는 우리 가족의 안전과 행복을 위해 딱 좋은 차라고 생각해."

어떤가? 당신이 아내라면 이 같은 남편의 설명에 호응하지 않겠는가?

상대를 설득하고자 할 때는 바로 본론으로 들어가지 말고 먼저 말문을 열고, 다음에 하고 싶은 말을 하고, 마무리를 지어주는 것이 효과적이다. 이를 OBC(Opening-Body-Closing)화법이라고 한다.

오프닝(Opening)은 하고 싶은 말을 위한 상대의 관심 끌기, 마음 열기, 주제 선언이다. 되도록 짧고 강하게 표현한다. 오프닝이 길면 '그래서 하고 싶은 말이 뭔데?'라는 불만이 튀어나온다. 본론(Body)은 오프닝과 관련한 이유와 설명 등 이해를 돕는 내용이다. 너무 많으면 역

효과가 날 수도 있지만 충분한 이해를 위해서는 조금 길어도 무방하다. 클로징(Closing)은 다시 한 번 결론을 강조하는 말이다. 환기하는 차원이지만 일방적인 느낌보다 공감대를 형성할 수 있는 톤으로 정리하는 것이 상대의 마음을 움직인다는 사실을 명심하면 좋겠다.

배우자가 나의 요구와 주장을 수용하고 지지하게 만들고 싶은가? 그렇다면 사람들이 서로 먹고 싶어 하는 햄버거를 만들 듯 말의 순서와 표현을 생각해보기 바란다.

설득 화법 9 좋은 소식과 나쁜 소식, 무엇을 먼저 전할까?

"여보, 오늘 회식이 있어서 좀 늦을 것 같아. 대신 내일은 휴가니까 내가 애들이랑 놀아줄게!"

배우자가 이렇게 말한다면 당신은 어떻게 대꾸하겠는가. 아마도 잠시 헷갈릴 것이다. 하지만 적어도 화를 내기는 어려울 것이다. 술 마시고 늦게 들어온다는 말은 싫지만, 내일 휴가에 아이들과 놀아준다는 말은 좋게 들리기 때문이다.

/

신혼 시절, 남편은 용건을 말하기 전에 이렇게 묻곤 했다.

"좋은 소식과 나쁜 소식이 있는데, 어느 것부터 들을래?"

그러면 나는 별 생각 없이 말했다.

“좋은 소식부터 들어야 나쁜 소식이 중화될 것 같으니까 좋은 소식부터 말해줘.”

순진했던 남편은 내 말대로 좋은 소식부터 전했다.

“내일 휴가야. 근데 오늘은 회식이라 늦을 것 같아.”

‘뭐라? 오늘도 회식?’

나는 대번에 “허구한 날 회식이냐!”며 버럭 화부터 냈다. 생각처럼 좋은 소식이 나쁜 소식을 중화시켜주지 못했던 것이다.

그뿐이 아니었다. 남편은 간혹 이런 말로 내 기분을 상하게 했다.

“당신이 만든 음식은 맛있긴 한데, 너무 오래 걸려.”

오랜 시간 부엌에 서서 다리 아픈 것도 참아가며 열심히 음식을 만들어주었더니 기껏 한다는 말이 문제를 지적하는 투라면 어느 누가 달가워하겠는가. 다음부터는 전자레인지에 넣었다 꺼내는 레토르트(retort)식품이나 먹여야겠다는 생각이 들지 않겠는가.

눈치가 영 없지 않은 남편은 이런 일을 몇 번 겪고 나서 말의 순서를 바꾸었다. 나쁜 소식을 먼저, 좋은 소식을 뒤에 말하게 된 것이다.

“당신이 만든 음식은 시간이 좀 걸리지만 맛은 최고야.”

같은 내용이라도 전달 순서에 따라 듣는 사람의 기분이 180도 달라질 수 있다. 왜 그럴까? 사람은 어떤 사건이나 대상을 받아들일 때 마지막 부분을 전체로 해석하는 경향이 있다. 다시 말해서 앞의 내용보다 뒤에 오는 내용을 더 강하게 받아들인다는 것이다. 따라서 부정과 긍정의 내용을 함께 이야기할 경우에는 부정적인 내용을 먼저 말하고 긍정적인 내용으로 마무리하여 긍정성을 극대화하는 것이 좋다.

이러한 대화법을 '아론슨 화법'이라고 한다. 미국의 심리학자 아론슨의 연구에서 유래되어 붙여진 이름으로, 긍정의 내용을 뒤에 말하면 상대의 마음이 긍정적이게 된다는 것이다. 예를 들어 고객이 가격이 비싸다고 말했을 때 가격은 비싸지만 성능이 뛰어나다는 식으로 응대하면 된다. 이 화법은 협상이나 마케팅 현장에서 많이 사용하지만, 일상 대화에서도 활용 가치가 높다. 부정적(위험) 요인이 있지만 긍정적(매력)인 요인이 훨씬 더 크다는 것을 강조함으로써 설득력을 높이는 데 아주 유용하기 때문이다.

/

추석을 앞두고 부부가 부모님 선물을 사러 나갔다. 누군가에게 줄 선물을 마련하는 일은 부담도 있지만 받는 사람이 좋아하는 모습을 상상하면 즐겁기도 하다. 또한 둘만의 데이트를 즐기는 시간으로 삼을 수도 있다. 아내는 들뜬 마음으로 남편의 팔짱을 끼고 여기저기를 둘러보며 어떤 선물이 좋을지 남편에게 수시로 의견을 물었다. 그러던 중 남편이 말했다.

"난 역시 영양제가 좋을 것 같아. 근데 당신은 확실히 선택장애가 있는 것 같아."

선물을 고르는 쇼핑의 기쁨에 찬물을 끼얹는 말이었다. 부모님에게 더 좋은 선물을 하려고 고르고 고르는 아내의 마음이 졸지에 선택장애로 몰리는 순간이었다. "난 영양제가 더 좋아"라고 간단히 말하면 될 것을 왜 굳이 "당신은 확실히 선택장애가 있는 것 같아"라는 말을 덧붙여 상대의 기분을 망치는 걸까. 간만의 오붓한 쇼핑은 남편의 잘못된 말 한마디에 엉망이 되고 말았다.

"선택을 잘 못하는군. 나는 영양제가 더 좋을 것 같아."

이렇게 말했다면 화기애애한 분위기가 깨지지 않고 자연스럽게 이어졌을 것이다.

여기서 또 하나 유념해야 할 부분이 있다. 상대의 문제점이나 단점은 되도록 건드리지 말라는 것이다. 그런 면에서 '선택을 잘 못한다'는 말은 하지 않는 게 나을 수 있다. 또 칭찬의 반전 효과를 위해 단점을 앞세워 말하기도 하는데, 추천하고 싶지 않다. 칭찬이 아닌 비난으로 들려 둘의 관계에 마이너스 요인으로 작용한다.

"당신은 살이 쪘는데도 달리기 하나는 기가 막히게 빨라."

달리기가 빠르다는 칭찬을 위해 살이 쪘다는 말을 할 필요가 있을까? 단점을 지적하면 장점이 부각되지 않는다. 칭찬이 칭찬으로 들리지 않고 오히려 빈정대는 말로 들리기 십상이다. 더군다나 단점이 장점보다 커 보일 때는 더욱 그렇다.

마찬가지로 앞의 부정적 내용이 두드러지면 뒤의 긍정적 내용이 제대로 전달되지 않는다.

/

살인적인 스케줄을 겨우 소화하고 달콤한 주말 휴식을 앞둔 금요일 저녁이었다. 남편이 전화를 걸어 다급하게 말했다.

"엄마가 지금 누나와 이모 가족이랑 우리 집으로 오고 계신대. 저녁식사 같이하자고. 참, 반찬은 엄마가 준비하셨대."

하지만 아내는 남편의 말이 달갑지 않았다. 어머님이 손수 반찬을 만들어 오신다는 말은 분명 긍정의 메시지였지만, 전혀 그렇게 들리지 않았다. 갑자기 대식구가 찾아온다는 말에 이미 마음이 달라졌기 때문이다.

말의 순서가 설득화법에 맞아도 부정성이 큰 말이 나오면 긍정성의 말이 효과를 보기 어렵다. 이럴 때는 긍정의 말을 부각해줄 요소를 덧붙이는 것이 좋다. 논리적인 요소와 감성적인 요소를 더해 듣는 사람의 마음을 움직일 수 있어야 한다.

"근처에서 친척 결혼식이 있었대. 오신 김에 우리 집에 들르신다는 거야. 뵌 지도 꽤 됐는데 괜찮지? 엄마가 손주도 보고 싶고 반찬도 갖다주려고 겸사겸사 오시는 거래. 오늘 저녁 애들 목욕과 설거지는 내가 할게."

부부들이 겪는 갈등은 기본적으로 대화의 부재에서 비롯된다. 대화가 없으니 소통이 될 리 없다. 세상에서 가장 가까운 사이가 부부인데, 소통이 안 되니 고통이 시작된다. 침묵도 고통, 갈등도 고통, 모든 것이 고통이다. 이러한 고통을 없애려면 끊임없이 대화하는 길밖에 없다. 물론 대화가 곧 소통은 아니다. 소통하는 대화가 되려면 방식이 중요하다. 부부가 서로 대화하는 스타일의 차이를 이해하고 어떻게 표현하는 것이 좋을지 생각하고 배우고 실천하는 노력을 게을리하지 않아야 한다. 인생 최고의 동반자는 상대의 마음에 맞는 표현을 구사하려는 노력으로 만들어진다.

설득 화법 10 너도 옳고 나도 옳다

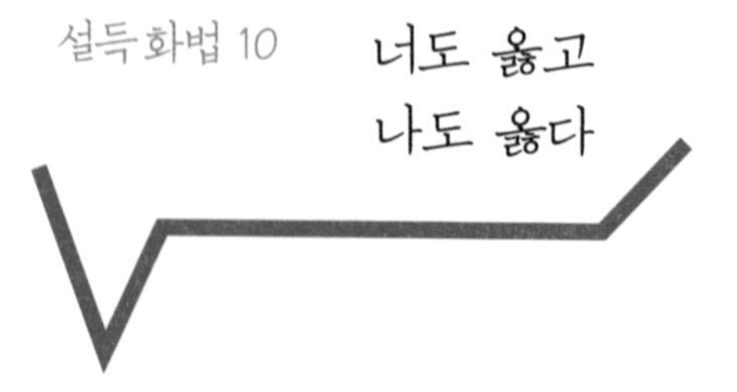

'오늘은 또 뭘 해먹지?'

가족의 식사를 준비하는 사람에게 가장 큰 고민거리는 반찬이다. 매번 손이 많이 가는 반찬을 만들 수도 없는 노릇이고, 특별한 요리를 하자니 자신이 없다.

오늘 저녁엔 뭐가 좋을지를 한참 고민하던 아내가 삼겹살을 생각해내고는 남편의 호응을 기대하며 메시지를 보낸다.

"여보, 저녁에 삼겹살 구워 먹을까?"

띠링, 띠링, 띠링. 남편에게서 전화가 걸려온다.

"고기 먹고 싶어? 근데 좀 그렇지 않아? 집에 냄새도 배고 기름도 튀고. 그냥 고추장찌개 해 먹는 게 어때? 엄마 버전으로."

"…."

아내의 반응은 별로다. 남편이 뭘 먹고 싶은지 정확히 파악했고 만들기도 그리 어렵지 않지만, 서운한 마음이 앞선다. 이유가 뭘까? 특별한 것이 아니다. 자신의 마음을 알아주지 않고 자기 뜻대로만 하려고 하는 듯한 남편의 반응에 무시당한 기분이 든 탓이다.

가까운 사이일수록 더 신경을 써야 한다. 부부니까, 가족이니까 괜찮겠지 하는 생각으로 가볍게 넘기는 태도는 착각이고 오산이다. '가족끼리인데 뭐?'가 아니라 '가족이니까' 더 이해하고 예의를 갖추어야 한다. 작고 사소한 일에서 배려받지 못해 생기는 마음의 상처들이 쌓이고 쌓여 관계에 큰 구멍을 만든다는 사실을 명심해야 한다.

나의 배우자에게 나도 모르게 상처를 주지 않으려면 대화 방식을 바꿀 필요가 있다. 추천할 만한 방법 중의 하나가 'Yes, But 화법'이다. 먼저 인정하고 나서 자신의 생각을 말하는 방식이다. 말을 꺼내자마자 단호하게 "No(아니야)!"를 외치지 말고 "Yes(그렇지)"라고 인정한 연후에 'But(하지만 사실은)'으로 자기주장을 펼치는 것이다. "네 말은 틀렸어"가 아니라 "네 말도 일리가 있어. 하지만 나는 이렇게 생각해"라는 식으로 이야기하면 설득과 공감을 얻어낼 수 있다.

밖에서 사람들을 대할 때의 모습과 가정에서 가족에게 보이는 모습이 다른 사람이 적지 않다. 남들에게는 친절하고 그들의 요구를 거절하지 못하면서 남편이나 아내에게는 무뚝뚝하게 대하는 경우를 심심찮게 볼 수 있다.

/

그녀도 그런 스타일의 사람이었다. 회사에서는 상냥하고 배려심이 많은 직원으로 통하지만 집에서 남편에게 하는 걸 보면 무례하다 싶을 정도로 신경을 쓰지 않는 편이었다. 남편은 그런 아내가 못마땅했다. 한번은 약속이 있는데 거절하지 못해서 또 다른 약속을 잡는 바람에 애를 태우는 아내를 보다 못한 남편이 한마디 했다.

남편 : 무조건 '알겠다', '할 수 있다'고 말하는 건 좋지 않아. 적절히 거절할 줄도 알아야지.

아내 : 당신이 뭘 안다고 그래. 상황이라는 게 있는 거야.

남편 : 나한테는 그렇게 거절을 잘하면서 남들한테는 왜 그래? 이번 약속은 취소해. 아니면 연기하든가.

아내 : 그런 조언은 필요 없어. 아우, 시끄러워!

남편 : 그래? 다음부터는 내 앞에서 고민 얘기 꺼내지도 마!

조용히 시작된 대화가 서로의 감정을 건드리는 상황으로 치닫고 말았다. 여기서 만약 아내가 Yes, But 화법을 구사했다면 그렇지 않았을 것이다. 아내의 말을 Yes, But 화법으로 바꿔보자.

남편 : 무조건 '알겠다', '할 수 있다'고 말하는 건 좋지 않아. 적절히 거절할 줄도 알아야지.

여자 : 그래, 무리였던 것 같아(Yes). 그런데 너무 바쁘다고 하셔서 어쩔 수 없었어. 다음부터는 스케줄을 먼저 보고 약속해야겠어(But).

마트에서도 종종 부부의 말다툼을 목격하게 된다. 아이가 갖고 싶어 하는 장난감을 사주려는 남편과 반대하는 아내의 실랑이다. 충분히 있을 수 있는 일이지만, 싸우는 부모 사이에서 아이가 울고불고 하는 상황을 만들지 않으려면 이렇게 말할 수 있어야 한다.

남편 : 당신이 생활비를 아끼려고 하는 것 잘 알아(Yes). 그래도 아이가 이렇게 원하니 딱 이번 한 번만 사주자고. 대신 외식을 줄이면 되잖아(But).

아내 : 여보, 나도 장난감 사주고 싶어(Yes). 그렇지만 원한다고 다 사주는 건 아이 교육에 도움이 될 것 같지 않아. 칭찬 스티커를 다 모았을 때 사주는 걸로 하면 어떨까?(But).

상대의 의견을 묵살하거나 무시하는 듯한 반응은 최악의 방식이다. 먼저 수용하는 느낌을 표하고 나서 자신의 생각을 전달하는 지혜로운 화법을 구사할 줄 알아야 한다. 이러한 Yes, But 화법은 가까운 부부 사이뿐만 아니라 일상의 비즈니스 관계에서도 효력을 발휘한다. 어떤 일을 부탁하는 사람에게 바로 "안 됩니다!"라고 말하기보다 "제가 하면 정말 좋을 것 같습니다. 그러나 현재 일이 많아서 하기가 어려울 것 같습니다"라고 하면 대화가 훨씬 부드럽고 따듯해질 것이다. 미래의 가능성까지 열어둘 수 있으므로 더 좋은 관계로 발전할 여지가 많다.

3

더 크게, 더 깊게

배우자를 내 편으로
만드는 소통 대화법

저녁 시간에 부부가 흔히 함께하는 활동 중 하나가 드라마 시청이다. 멋진 남자 주인공과 예쁜 여자 주인공이 알콩달콩 사랑을 나누는 모습을 넋을 놓고 지켜본다. 그러다 고개를 돌리는데 눈이 딱 마주친다. 서로 외면한다. 현실의 그(녀)가 드라마 주인공과 너무 대비되기 때문이다.

남녀가 만들어가는 드라마의 끝은 결혼이 아니다. 두 사람은 여전히 주인공이며, 엔딩은 아직 멀기만 하다. 배려하는 대화로, 시선으로, 따뜻한 행동으로 매일매일 나의 배우자와 함께 멜로드라마의 해피 엔딩을 써내려가자.

내 마음을 투명하게, '유리화법'

말 중에서 가장 중요한 말은?

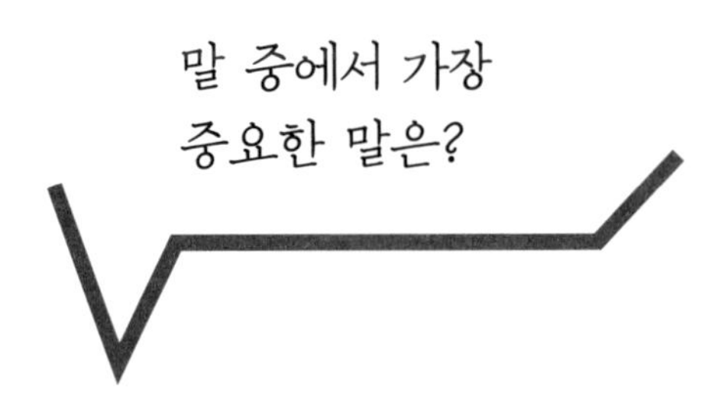

부부가 함께 살다 보면 어쩔 수 없이 크고 작은 갈등을 겪게 된다. 아무리 뜨겁게 사랑해서 결혼했다 해도 수십 년을 서로 다른 환경에서 살아온 두 사람이 매사 뜻이 맞을 수 없고 항상 서로에게 만족할 수는 없는 노릇이다. 그렇지 않은가.

인간관계에서 '화재'를 가장 많이 일으키는 불씨는 역시 잔소리다. 내가 남편과 다투게 되는 경우를 봐도 대부분은 잔소리로 시작된다.

/

나의 남편은 끊임없이 잔소리를 늘어놓는다. 내가 운전하는 차에 탔을 때도 그는 이런 말로 나의 신경을 건드리곤 한다.

"당신 눈에는 이 먼지가 안 보여? 좀 닦고 다니면 안 돼? 내가 꼭 청소를 해줘야겠어?"

'또 잔소리….'

비난에 가까운 남편의 지적을 들을 때마다 내 마음은 상처를 받는다. 운전하고 싶은 마음이 싹 달아난다. 당장 내리라는 말이 입가에 맴돈다. 그와 함께 가야 할 길이 멀게만 느껴진다. 실제로 나는 이렇게 되받아치기 일쑤다.

"눈에 보이는 사람이 닦아주면 되지 꼭 신경질을 부려야겠어? 그렇게 거슬리면 당신 차 타고 가! 우리 아빠는 한 번도 잔소리하지 않고 청소해주시더라. 평생 아빠 딸로 살걸 괜히 결혼했나봐…."

돌이켜보면 유치하기 짝이 없는 대화다. 성숙한 사람이라면 상대의 말에 본능적으로 방어하거나 공격하지 않았을 것이다. 비난을 하거나 설전을 벌이기에 앞서 좀 더 신중하게 생각하고 거르고 걸러 반응을 보였을 것이다.

대화하다가 발생하는 갈등이나 다툼은 첫마디를 어떻게 시작하느냐에 달린 경우가 참으로 많다. 차에 오른 남편이 이렇게 말했다면 어땠을까?

"차에 먼지가 많네. 당신 건강에 해로운데…."

어쩌면 '건강에 좋지 않으니 먼지를 자주 닦아줘'라는 것이 남편이 내게 말하고 싶은 핵심 메시지였을지 모른다. 그런 식으로 부드럽게 말했다면 나도 고맙게 생각하고 한결 좋게 이야기했을 것이다. 그런데 처음부터 하는 말이 곱지 않으니 그게 화근이 되어 나도 모르게 불쾌한 내색을 보이고 말았다.

생각해보면 남편 탓만 할 일도 아닌 것 같다. 설사 남편이 그렇게 말했더라도 내가 까칠하게 역공하듯 말하지 않고 완충해서 대꾸했더라면 불필요한 언쟁을 벌이지 않을 수도 있었을 것이다.

"미안해. 생각은 늘 하는데 생각처럼 되지 않네. 그래서 나는 당신이 필요해. 나의 부족한 부분을 채워주잖아. 그리고 난 당신이 내 차를 닦아줄 때 기분이 되게 좋아. 보호받는 느낌이랄까? 호호."

'시작이 반'이라는 말처럼 대화도 어떻게 시작하느냐가 정말 중요하다. 말을 거는 사람도 그렇지만 그 말을 받는 사람도 마찬가지다. 생채기를 내는 말을 꺼내서도 안 되겠지만, 상대가 다소 거친 표현을 쓰더라도 투수의 폭투가 뒤로 빠지지 않게 잘 받아주는 포수처럼 안전하고 편안하게 받아준다면 적어도 서로가 부끄러운 상황을 만들지 않을 수 있을 것이다. 아니, 오히려 고마워하고 다음부터는 더욱 조심하게 될 것이다.

우리는 자신의 감정과 생각을 드러내기 위해, 마음에 들지 않는 누군가를 움직이고 변화시키기 위해 애쓰는 과정에서 종종 자신도 모르게 폭력적인 모습을 보이곤 한다. 기대 이하의 반응에 실망하게 되고,

내 뜻과 맞지 않는 상대의 태도에 분노하게 된다. 결과는 갈등과 불화, 대화 단절이라는 형태로 돌아온다. 상대를 억지로 변화시키려고 하지 말고, 스스로 깨달아 달라질 수 있도록 화법을 바꾸어보면 어떨까?

시작은 간단하다. 고슴도치처럼 가시를 세우지 않는 것이다. 상대를 긁는 날 선 말로 되받지 않는 것이다. 원하는 것이 싸움이 아닌 행동 변화라면, 처음으로 운을 떼는 나의 입에서 부드럽고 유쾌한 말이 나올 수 있게 해야 할 것이다.

마음을 움직이는 말의 온도

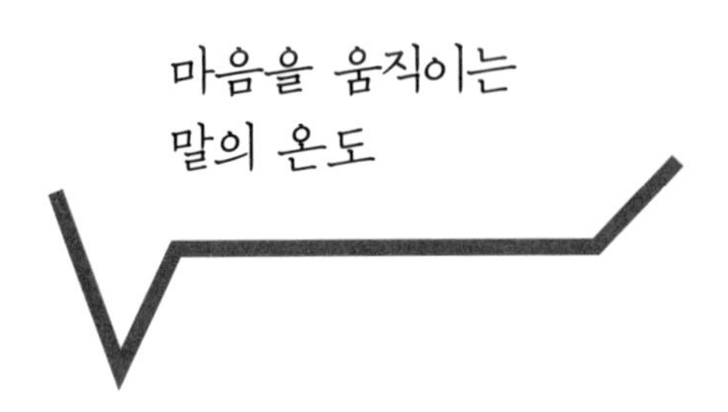

비난받는다는 느낌 없이 상대가 내가 원하는 방향으로 행동을 바꾸게 하려면 어떻게 해야 할까? 많은 사람들이 궁금해하는 부분이다. 방법은 간단하다. 커뮤니케이션 방법을 바꾸면 된다.

갈등이나 불만 사항이 생겼을 때 사람들이 흔히 쓰는 방법이 있다. '너-메시지(You-message)'다. 문제의 원인을 상대 탓으로 돌리는 것이다. 그 순간부터 대화 분위기는 험악해진다.

/

스마트폰 때문에 걸핏하면 다투는 부부가 많다. 새로운 미디어 사회가 만들어낸 신종 부부 갈등이다. 검색, 게임, 연락 등을 위해 스마트폰을 들여다보는 남편에게 아내가 짜증 섞인 소리로 한마디 던진다.

"애들 앞에서 스마트폰 좀 보지 말라고! 애들이 뭘 배우겠어? 정 하고 싶으면 방에 들어가든가."

갑자기 공격을 당한 남편은 기분이 상해 일그러진 얼굴로 반격에 나선다.

"필요한 정보 좀 찾아봤어! 쉬는 날 잠깐 검색하는 걸 가지고 트집을 잡나?"

'아이들 앞에서는 절대 싸우지 말자'고 약속한 부부였다. 그런데 또 말다툼을 벌이며 아이들 가슴을 조마조마하게 한다. 너-메시지로 대놓고 상대의 잘못을 지적하기 때문이다.

상대의 태도나 행동이 맘에 들지 않을 때는 '네 탓'으로 돌리는 너-메시지를 쓰지 말고 '나-메시지(I-message)'를 사용하는 것이 좋다. 이른바 '유리화법'이다. 유리처럼 나의 느낌과 생각, 요청 사항을 투명하게 전달하는 대화법이다. 상대에게 화살을 돌리며 책임을 추궁하는 것이 아니라 당면한 상황에서 자신이 느끼고 생각한 부분을 솔직하게 설명하면 된다. 그러면 마치 닫힌 블라인드를 열어 밖을 내다보듯이 나의 상태를 투명하게 드러낼 수 있기 때문에 원활한 소통에 크게 도움이 된다.

유리화법을 간단히 정리하면 다음과 같다.

1단계 : 나의 시선

2단계 : 나의 느낌

3단계 : 나의 요청

'너'가 아닌 '나'의 입장에서 이야기하는 것이 중요하다. 앞의 대화를 여기에 대입하여 바꿔보자.

나의 시선 : 당신이 스마트폰을 보고 있으니, 가족 간에 대화도 줄어들고 아이들도 스마트폰만 보려고 해.

나의 느낌 : 요즘 스마트폰 중독이 무섭다는데, 당신과 아이들이 그러지 않을까 걱정돼.

나의 요청 : 우리가 함께 있을 때는 스마트폰 사용을 줄여주면 좋겠어.

이처럼 상대의 문제를 지적하지 말고 내가 보고 느낀 부분에 초점을 맞추어 의사를 전달하면 자연스럽게 공감과 이해를 불러일으킬 수 있다. 상대가 자신의 모습을 객관적으로 돌아보면서 반성하게 된다. 이어서 내가 요청하고 싶은 사항을 구체적으로 이야기하면 의도한 행동 변화를 이끌어낼 수 있다. 유리화법은 서로의 관계를 악화시키지 않으면서 당면한 문제를 해결하는 좋은 방법이다.

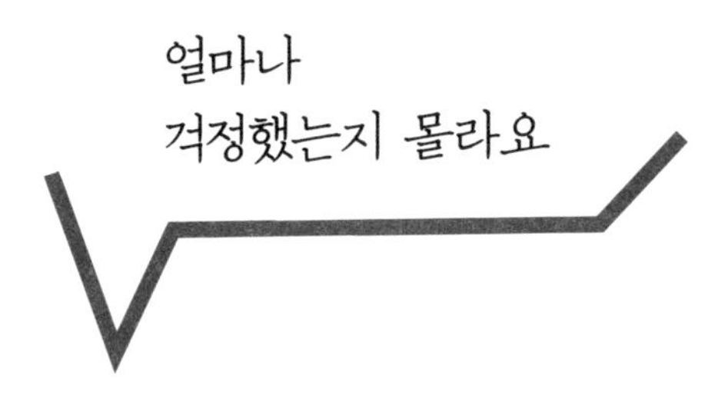

얼마나 걱정했는지 몰라요

그들은 신혼이었다. 깨가 쏟아질 시기였다. 그런데 신부를 힘들게 하는 일이 있었다. 신랑이 술자리가 있는 날이면 연락도 되지 않고 새벽 2시를 훌쩍 넘겨 만취 상태로 들어오기 때문이었다. 신부는 그럴 때마다 속을 끓여야 했다. 어디에 있는지, 괜찮은 건지, 무사히 귀가할 수 있는지…. 초조한 기다림 끝에 귀가한 남편을 보면 안도가 되었다가 이내 화가 치밀어 올랐다. 그렇다고 취한 사람을 붙들고 어떻게 할 수 있는 상황도 아니었다. 참을 수밖에 다른 도리가 없었다. 게다가 신혼이지 않은가.

문제적 남자에게 변화가 찾아온 건 신부의 진정 어린 당부 덕이었다. 신랑이 술에 잔뜩 취해 들어온 다음 날, 신부가 말했다.

"(울먹이며) 당신이 밤늦도록 연락이 안 돼 얼마나 걱정했는지 몰라. 요즘같이 험한 세상에 어디서 무슨 일이 생긴 건 아닌지, 마음을 졸이느라 아무것도 할 수 없었어. 다시는 이런 일이 없었으면 좋겠어. 술은 마셔도 좋으니 제발 전화는 잘 받아줘."

그 말에 신랑의 마음이 울컥했다. 그렇잖아도 미안하던 차였는데 아내가 화도 내지 않고 애정을 담아 부드러운 말로 부탁하듯이 말해 주니 고마울 따름이었다. '다시는 사랑하는 여자를 걱정시키지 않으리' 굳게 다짐했다.

벌써 결혼 10년차. 지금까지 남편은 상황이 어려워도 아내의 연락을 지나치지 않았다. 전화를 받을 수 없으면 문자라도 남겨 아내가 걱정하는 일이 없게 했다.

유리화법을 활용하면 배우자의 행동을 바꿀 수 있다. 하지만 실천은 생각만큼 쉽지 않다. 유리화법대로 표현하기는 어렵지 않지만, 감정이 격해진 상태에서는 사용하기가 어렵기 때문이다. 화가 나면 누구나 "~해!", "~하지 마!"라며 강한 어조로 명령하듯 말하고 싶은 충동에 빠진다. '당신의 행동으로 내가 어떻게 느꼈고 무엇을 해주기를 바라는지' 조근조근 설명하기가 결코 쉽지 않다.

유리화법을 효과적으로 사용하려면 먼저 흐트러진 마음부터 추스려야 한다. 평정심을 찾은 후 이야기를 풀어가는 것이 효과적이다. 생각을 정리해서 차분하게 전달해야 상대의 마음에 가닿을 수 있다.

그렇게 하려면 평소 연습이 중요하다. 어떤 상황을 염두에 두고 그 자리에서 툭 튀어나오는 말을 유리화법에 맞추어 고치는 연습을 하다 보면 실제 상황에서도 자연스럽게 실천할 수 있게 된다.

"빨리 좀 나와!" → "결혼식에 늦을까 봐 불안해."

"여기 국물 흘렸잖아!" → "국물이 흘러서 밟을 뻔했네. 어서 닦아야겠어."

유리화법은 문제가 발생했을 때만 유효한 것이 아니다. 칭찬할 일이 있거나 기쁠 경우에도 적절히 활용할 수 있다. 예를 들어 외출한 사이 배우자가 집 청소를 해놓았다면?

"집을 정말 깨끗하게 치워놓았네요(상대의 행동). 요즘 허리가 많이 아팠는데 정말 고마워요!(느낌) 가끔씩 청소해주면 좋겠어요(요청)."

예상치 못한 선물을 받았다면?

"뜻밖의 선물을 주시다니(상대의 행동) 너무 기뻐요(느낌). 감사해요."

유리화법에서 가장 중요한 것은 상대의 입장에서 상황을 이해하고 수용하는 태도다. 내가 좋아하는 한자성어에 '역지사지(易地思之)'라는 말이 있는데, 자신과 상대의 입장을 바꿔 생각해보라는 말이다. 일상생활에서 유리화법을 실천하는 기준으로 삼아도 좋을 말이다. 내 입장만 고집하지 말고 상대의 편이 되어 상황을 돌아보면서 배려하고 존중하는 자세와 대화 방식이 중요하다.

/

2011년 개봉한 미국 영화 〈체인지 업(The Change-up)〉은 눈코 뜰 새 없이 바쁘게 살아가는 성공한 변호사와 자유분방하지만 백수인 그의 친구가 서로 몸이 뒤바뀌면서 벌어지는 일들을 흥미롭게 그린 코미디 영화다. 백수 친구는 근사하게만 보였던 변호사 생활이 그리 멋지고 행복하지만은 않다는 사실을 깨닫고, 백수 친구의 자유로운 삶을 부러워했던 변호사 친구는 생각보다 팍팍하고 고단한 실상을 경험하게 된다.

어쩌면 인간은 직접 그 사람이 되어보지 않는 한 영원히 그 사람을 제대로 알 수 없을지 모른다. 현실에서는 불가능한 이야기를 다루는 이런 영화가 계속해서 만들어지는 이유도 상대의 처지와 감정을 깊이 이해하고 싶어 하는 인간의 오랜 소망의 표현이라고 할 수 있다. 또한 그렇게 하는 것이 인간관계에서 얼마나 중요한지를 일깨워주려는 의도로 볼 수도 있다.

지금 혹시 배우자와 갈등을 겪고 있는가? 영화에서처럼 서로의 삶을 바꿀 수는 없겠지만, 며칠만이라도 집에서 서로의 역할을 바꾸어 지내보는 것은 어떨까? 역지사지하게 되면서 어느새 갈등이 풀리고 편안한 관계를 회복하지 않을까? 여기서 한 발 더 나아가 유리화법을 써보면 어떨까?

"당신과 사랑한 지 어느덧 2년이 흘렀어(상황). 함께 밥을 먹고, 여행을 다니고, 일상을 공유하는 것이 얼마나 행복한지 몰라(느낌). 그 행복을 24시간 느끼고 싶어. 나와 결혼해줄래(요청)?"

우리 부부가 결혼 전 나누었던 대화다. 믿어지는가? 유리화법을 모르는 채로 이런 말을 자연스럽게 썼다는 사실이 지금 생각해도 놀랍다. 하지만 누구나 할 수 있다. 꿈만 같던 연애 시절, 꿀처럼 달콤했던 신혼을 떠올리며 유리화법을 사용해보기 바란다. 잘 활용하면 언제든 신혼의 단꿈을 다시 꿀 수 있을 것이다.

결혼 전에만 사용할 것이 아니라 현재의 대화 역시 유리화법으로 한다면 훨씬 부드러워지고 달콤해질 것이다. 당장 활용해보자.

"당신과 결혼한 지 10년이 지났어(상황). 여전히 같은 미래를 꿈꾸고 살뜰히 챙겨주는 당신이 있어서 행복해(느낌). 조금만 더 서로 이해하며 열심히 살자(요청)."

나는 당신 직원이 아니야!, '청유화법'

해도 해도
듣기 좋은 잔소리

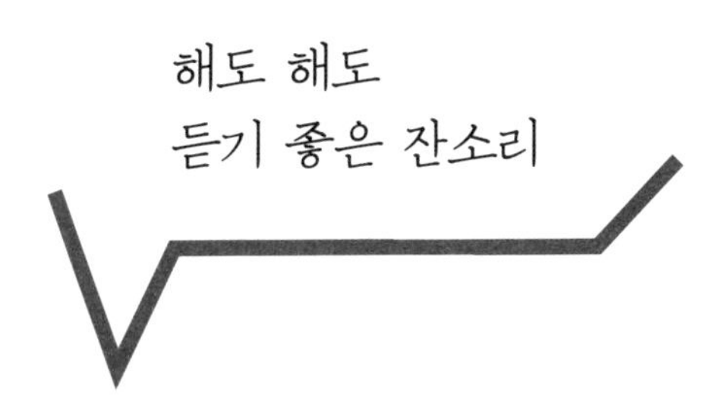

"일어났으면 이불 정리부터 해!"

"도대체 TV는 몇 시까지 본 거야? 봤으면 끄고 자야 할 거 아냐!"

아내의 잔소리에 아침부터 기분이 상한 남편은 대충 이불을 정리하는가 싶더니 휙 나가버린다. 아내가 갈아놓은 과일 주스는 손도 대지 않은 채.

아내에게 물었다.

"왜 그렇게 남편을 대하시나요?"

"말하지 않아도 알아서 해주면 얼마나 좋겠어요. 하나부터 열까지 내 손을 거쳐야 해요. 잔소리를 하지 않을 수 없다니까요."

남편에게 물었다.

"아내의 잔소리를 들으면 어떠세요?"

"싫지요. 이불 정리를 안 하겠다는 것도 아니고, 출근 전에 잠시 여유를 갖고 싶은 건데 매일 야단을 치니 불편하고 언짢아요. 아내가 아니라 혼내고 명령하는 엄마 같아요. 회사에서도 눈치, 집에서도 눈치. 사는 게 힘들어요."

잔소리는 하는 사람도, 듣는 사람도 힘들게 한다. 문제를 지적하여 상대가 변화하기를 바라는 마음에서 나오는 잔소리이지만, 서로에게 상처만 남길 뿐 결과적으로 바뀌는 것은 아무것도 없다.

"일찍 들어와", "술 좀 그만 마셔", "음식물 쓰레기 좀 버려"…

이렇게 시작되는 대화는 신경질적인 반응을 불러일으켜 결국 "그만 좀 해!"로 종료된다.

참견하고 꾸짖는 투의 잔소리를 어떻게 하면 듣기 좋은 말로 바꿀 수 있을까? 불쾌한 감정을 유발하지 않으면서 상대의 행동을 유도할 수 있는 화법은 무엇일까?

"여보, 이불 정리 좀 해줄래요? 나는 아기 세수시킬게요."

어떤가? 당신이라면 이 말에 뭐라고 답하겠는가? 바로 "알았어요"라고 화답하지 않겠는가?

입에서 잔소리가 나오려 할 때 잠시 멈추고 명령조가 아닌 부탁하는 어투로 말을 건네보기 바란다. 상대는 전과 다른 태도와 행동으로 응답할 것이다. 적어도 불쾌한 반응은 보이지 않을 것이다.

'가는 말이 고와야 오는 말이 곱다'는 속담은 대화의 황금률이다. 사람은 누구나 존중받기를 원한다. 부드럽고 고운 말은 듣는 사람에게 존중받는다는 느낌을 준다. 그러니 자신도 존중과 수용의 자세를 보이게 되고, 시켜서 하는 것이 아니라 자발적으로 나서서 부탁을 들어주게 된다.

이제는 대화의 시작을 청유형으로 바꿔보자.

밥 먹어! → 식사 + 하실래요?

치워! → 치워 + 주실래요?

과자 사 와! → 과자 + 사다 주실래요?

명령하듯 말하면 거부와 반발을 사기 쉽다. "밥 먹어!"는 "안 먹어!", "치워!"는 "이따가!", "과자 사 와"는 "돈 없어!"라는 반응을 부른다. "~해!", "~하지 마!"가 아닌 "~해줄래요?", "~하지 않으면 좋겠어요"와 같이 청유하듯 말하여 상대에게 선택권을 주면 훨씬 좋은 분위기에서 대화를 이끌어갈 수 있다.

그동안 입에 붙어버린 명령형을 청유형으로 바꾸는 일은 쉽지 않다. 그래도 바꾸는 노력을 계속해야 한다. 모든 일이 그렇듯이 처음에는 어렵지만 하면 할수록 수월하고 익숙해지게 된다. 그러다 보면 나의 말이 상대의 태도를 변화시키는 놀라운 순간들을 경험하게 될 것이다.

"더러워 진짜!"를 존중하는 말투로 바꾸면?

평소에 아내는 냉장고에 넣어둔 물을 컵에 따르지 않고 병째로 마시는 남편이 영 못마땅했다. 몇 번이나 이야기를 했는데도 남편은 하던 대로 할 뿐이었다. 도리어 그게 무슨 문제냐며 어깃장을 놓았다. 입을 대지 않고 마시면 하등 문제 될 게 없다는 식이었다. 그러다가 한번은 심하게 다투게 되었다.

그날은 아내가 일이 많아 야근하고 돌아온 날이었다. 피곤한 상태로 집에 들어온 그녀의 눈에 물병에서 남편의 입으로 떨어지는 물줄기가 보였다.

"컵에 따라 마셔."

못 들었는지, 듣고도 못 들은 척하는 건지 남편은 아랑곳하지 않고 연신 물을 들이켰다.

"컵에 따라 마시라고!"

그제야 남편이 짜증 섞인 소리로 대꾸했다.

"입에 안 닿았다고!"

"더러워 진짜! 컵에 따라 마시라니깐."

"뭐라고?"

아내의 말은 남편에게 비수처럼 꽂혔다. 더럽다는 말이 모욕적으로 느껴졌다.

어떤 경우에도 상대의 인격이나 자존심을 깎아내리는 언사는 금물이다. 틀린 말이 아니라 해도, 때로는 틀린 말이 아니어서, 반감을 사고 싸움을 부추길 뿐이다. 컨디션이 좋지 않을 때나 기분이 언짢을 때는 더욱 조심해야 한다.

아내가 좀 더 현명하게 대처했더라면 어땠을까? 아랫사람에게 지시하듯 말하지 않고 이해와 동의를 구하는 표현을 썼다면 좋지 않았을까?

"물은 컵에 따라 마셔줄래요? 부탁해요!"

이 말에 "싫어!"라고 할 사람이 얼마나 될까? 청유화법은 상대를 높이면서 상대가 나의 요구를 자연스럽게 들어주게 만드는 유효한 대화법이다. 대화가 부드럽게 이어지는 가운데 관계가 돈독해지는 효과를 스스로 확인할 수 있다. "여보, 아이들이랑 산책하러 나가면 어떨까? 날씨가 무지 좋아"라고 해보라. 날씨 이야기를 비롯해서 어디로 갈지 등을 두고 둘의 대화가 아기자기하게 펼쳐질 것이다. 반대로 "~해!"라는 식의 명령화법은 대화의 단절과 관계의 악화를 초래한다. "좋아" 또는 "싫어"라는 대답밖에 얻을 게 없고, 존중감은커녕 자칫 무시당한다는 느낌을 주어 거부와 반발을 부르기 쉽다.

부부는 상하관계가 아니다. 수평적인 관계로 누구보다 서로 존중하고 배려해야 할 사이이다. 배우자의 인격과 자존심을 세워주는 대화를 나누기 바란다. 말은 입에서 나오는 순간 허공에서 사라지는 것 같지만 그렇지 않다. 날카로운 송곳이 되어 상대를 찌르기도 하고, 향기 좋은 꽃이 되어 상대를 감싸기도 한다. 오래도록 좋은 관계를 유지하고 싶다면 청유형으로 대화하기를 권한다.

너무 예뻐서 자꾸 생각나요

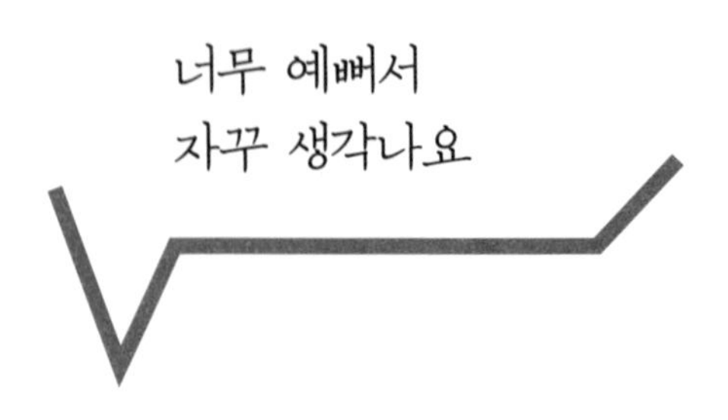

어느 날 갑자기 아내가 술을 마시기 시작했다. 혼술(혼자 마시는 술)이 습관이 되어 매일 밤 맥주를 한 캔 이상 마시고 나서야 잠이 들었다. 남편은 그런 아내의 모습이 안쓰럽고 걱정되었지만, 마음 한 켠에 불만도 없지 않았다. 그것이 어느 순간 입 밖으로 튀어나왔다.

"술 좀 그만 마셔! 자꾸 그러면 다 갖다버릴 거야!"

아내는 술에 의지하는 자신의 속마음을 몰라주는 남편이 야속하고 그런 남편과 함께 사는 자신의 처지가 서러워 흐느껴 울었다. 힘들어하는 아내의 눈물을 보며 남편은 아차 싶었다. 순간적인 감정을 이기지 못한 자신이 부끄러웠다.

어떻게 말해야 했을까? 아내가 듣고 싶은 말은 무엇이었을까?

① "여보, 이제 술을 그만 마셨으면 좋겠어. 건강을 해칠까 걱정돼."

어떤가? 훨씬 부드럽고 애정을 담은 위로가 느껴지지 않는가? '말하지 않아도 당신이 얼마나 힘든지 알고 있다'고 말하는 듯하다.

② "술도 약한 사람이 왜 이렇게 술을 마시지? 무슨 일 있어?"

이처럼 걱정하는 마음으로 질문하면 아내가 꺼내기 힘들었던 이야기를 털어놓으며 서로의 감정을 소통할 수 있는 길이 열린다.

진정한 대화의 초석은 관심과 공감이다. 그런데도 일상의 대화를 살펴보면 공감과 이해는 뒷전이고 자신이 전달하고 싶은 메시지에만 집중하는 경우가 많다. 그런 대화는 홀로 활활 타오르는 불꽃처럼 허무하게 끝날 수밖에 없다.

담배를 피우는 남편에게 "담배 좀 끊어!"라고 소리쳐보았자 별 소용이 없다. 반발심에 역효과를 낳기 십상이다. 담배에 의존하는 남편의 속마음과 끊기 힘든 점을 헤아려 말을 건네는 것이 효과적이다.

"담배 끊기 힘들지? 그래도 조금씩 줄여주면 안 될까? 당신 건강을 해치면 안 되니까. 아이들도 배울까 염려되고."

그러면 아무리 고집 센 남편이라도 아내의 말을 무시하지 못할 것이다. 일단 수긍하고, 쉽지는 않겠지만 끊으려고 노력하게 될 것이다.

그녀에게 갖고 싶은 가방이 생겼다. 그런데 가격이 비싸다. 어떻게 할까 고민하다가 남편에게 이렇게 말했다.

"가방 사줘!"

남편이 "알았어!"라고 했을까? 아니다. 묵묵부답이다. 성이 난 아내가 다시 조르듯 이야기한다.

"가방 사달라고! 가방 하나 못 사주냐?"

남편은 어이없다는 표정이다. 아내를 한참 쳐다보더니 "돈 없어! 네 돈으로 사!" 하고는 나가버린다.

방법을 바꿔보자.

"여보, 내가 봐둔 가방이 하나 있는데 선물로 사주면 안 될까? 내 친구도 갖고 있던데…. 조금 비싸긴 한데 너무 예뻐서 자꾸 생각나."

강요가 아닌 부탁 조로 이해를 구하듯 말하면 남편이 "그래?" 하며 호응할 것이다. 당장 사주지는 못하더라도 언젠가는 사주고 싶다는 마음을 품게 될 것이다.

관심을 가지고 상대를 이해하고 공감하려는 마음가짐이 없는 대화는 소통이 아닌 불통을 심화시킨다. 자신의 필요를 전달할 수는 있겠지만, 상대에게 불쾌감이나 반발심을 들게 하여 원하는 바를 이루지 못하는 것은 물론, 불필요한 다툼을 조장할 수 있다. 당장의 감정을 내려놓고 '이런 이야기를 들으면 어떤 느낌이 들까?'를 고려하여 표현 하나에도 세심한 주의를 기울여야 한다. 소통은 '말'이라는 다리를 잘 놓았을 때 이루어지는 법이다. 관심과 공감으로 만들어진 말의 다리를 통해 관심과 감정과 생각이 원활하게 오갈 수 있게 해야 한다.

이왕이면 달콤하게, '마시멜로 화법'

뒤집어 벗지 말래?

부부로 함께 살아가면서 늘 기분 좋은 말, 긍정적인 표현만 쓸 수 있다면 그보다 좋은 일도 없을 것이다. 모두가 바라는 일이다. 하지만 실제 부부생활에는 많은 함정이 놓여 있으며 도전이 끊이지 않는다. 갈등을 겪을 때도 있고, 요구를 거절하거나 부정적인 말을 해야 할 때도 있다. 상대가 싫어할 말이나 서로에게 불편한 말을 꺼내야 한다면 가능한 한 완화시켜 상대의 감정을 건드리지 않도록 조심할 필요가 있다. 이때 유용하게 사용할 수 있는 화법에 대해 알아보자.

"여보, 음식물 쓰레기 좀 내다 버려줘."

"여보, 냉장고에서 물 좀 갖다줘."

"여보, 양말 좀 뒤집어 벗지 말래?"

언뜻 부탁하는 말처럼 들리지만 아니다. 명령이다. 약간 신경질적인 느낌이 묻어나기도 한다. 말하는 사람의 억양이나 어투에 따라서는 싸움으로 번질 소지도 있다. 실제로 이 때문에 싸우게 되는 경우가 적지 않다. 같은 의미라도 아래와 같이 바꾸면 훨씬 부드럽게 전달할 수 있다.

"여보~, 미안한데 내가 지금 빨래를 해야 해서 말이야. 혹시 음식물 쓰레기를 버려줄 수 있을까? 부탁 좀 할게."

"여보~, TV 보고 있는데 번거롭게 해서 미안하지만, 냉장고에서 물 한 컵만 갖다줄 수 있을까?"

"여보~, 가능하면 양말 벗을 때 뒤집어지지 않게 해줄 수 있어? 습관이 되어서 쉽지 않겠지만 신경 좀 써주면 좋겠어."

지시나 명령을 받는 느낌이 들지 않게 자신의 뜻을 완충적으로 표현하고 있다. 이와 같은 화법을 '쿠션화법'이라고 한다. 주로 CS(Customer Satisfaction, 고객만족) 분야에서 사용하는 용어인데, 혹시나 고객이 느낄지 모를 부정적인 어감을 완화시키기 위해 미리 푹신푹신한 쿠션 같은 느낌의 표현을 사용하라는 의미에서 붙여진 이름이다. 여기서는 이 화법을 '마시멜로화법'으로 칭하고자 한다.

앞뒤 다 빼고 골자만 전달하면 대화에서 낭패를 보기 쉽다. 중간중간 적절한 위치에 마음을 녹여주는 부드러운 표현을 넣으면 말하는 사람도 듣는 사람도 기분이 좋아져 대화가 보다 수월해진다. 마치 입 안에서 사르르 녹는 몰랑몰랑하고 달콤한 마시멜로처럼 대화에 감칠맛이 나고 상대에 대한 태도가 누그러진다. 그래서 들어주기 어려운 부탁도 기꺼이 수용하게 되고, 더욱 적극적으로 실행에 나서게 된다. 마시멜로화법의 힘이다.

실례지만,
비켜주시겠어요?

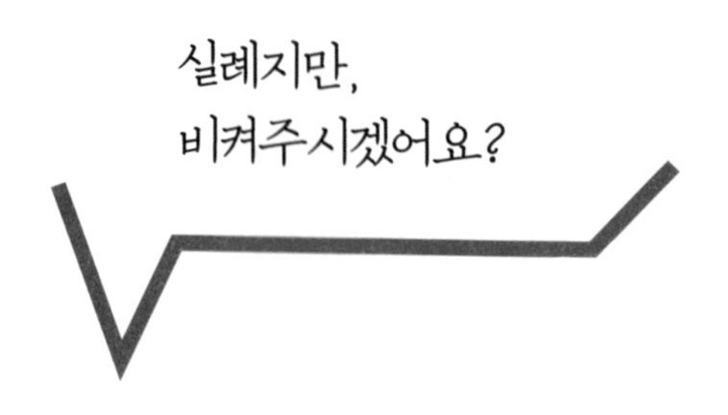

마시멜로화법에서 많이 쓰이는 완충제 표현에는 어떤 것들이 있을까? 대표적인 표현들을 살펴보면 아래와 같다.

번거로우시겠지만

바쁘시겠지만

괜찮으시다면

죄송합니다만

실례지만

이해해주신다면

서먹할 수 있는 관계를 편안하게 이어주는 마시멜로화법은 참으로 매력적이다. 어떤 상황에서 누구에게 활용해도 효과 만점이지만, 유념해야 할 사항이 있다. 일정한 순서에 따라야 한다는 점이다.

마시멜로화법을 사용할 때는 제일 먼저 호칭을 쓰고, 다음에 마시멜로어, 마지막에 청유형으로 마무리하는 것이 이상적이다.

호칭 → 마시멜로어 → 청유형

/

결혼한 지 얼마 안 되는 후배에게서 전화가 왔다. 후배는 뭔가 억울한 일을 당한 사람처럼 씩씩거렸다. 신랑하고 다퉜나? 아니나 다를까, 그녀는 남편 때문에 속상했던 일을 하소연하듯 늘어놓았다.

"선배님, 제 말 좀 들어보세요. 제가 새벽부터 나가서 밤늦게까지 방송 일을 하고 돌아왔잖아요. 근데 집이 엉망인 거예요."

"그래서?"

"그래서는요. 하루 종일 집에서 빈둥거렸을 남편을 생각하니 열 받잖아요. 누구는 밖에서 죽어라 일하고 들어왔는데 또 집을 치워야 하니 선배님 같으면 신경질이 안 나겠어요?"

"그래서 뭐라고 했는데?"

"너무 화가 나서 소리 질렀죠. '야! 집 좀 치워!'라고요."

그녀는 홈쇼핑방송에서 쇼핑호스트로 일하고 있었다. 주말 내내

쉬지 못하고 온종일 방송에 매달려야 했으니 얼마나 피곤했을까. 사람은 몸이 피곤하면 감정을 조절하기 어렵다. 에너지가 없으니 그럴 만도 하다. 하지만 그럴 때일수록 더욱 언행에 주의해야 한다. 그렇지 않으면 상대에게 더 깊은 상처를 줄 수 있고 예기치 않은 자신의 행동이 큰 후회를 남긴다.

일에 지쳐 돌아온 후배가 현명하게 대응하는 방법은 없었을까? 그랬다면 큰소리로 신경질을 부리지도 않았을 것이고, 감정싸움을 벌이는 일도 없었을 텐데 말이다.

나는 한참 불평을 하고 난 후배에게 이렇게 조언해주었다.

"남편을 고객이나 시청자라고 생각했다면 어땠을까?"

물론 나라도 솔직히 후배 같은 상황이었다면 부아가 치밀었을 것이다. 나를 배려하는 마음이 조금도 없는 사람이라며 배신감과 실망감이 컸을 것이다. 하지만 그게 다가 아니다. 늦었지만 어차피 치우고 나야 안식의 밤을 보낼 수 있으니 다르게 접근해야 한다. 남편에게 '할 일'을 주는 것이다. 우선은 피곤한 내 몸이 더 이상 피곤하지 않게 하기 위해서도 그렇고, 내내 빈둥거렸을 남편이 자신의 '도리'를 다할 수 있게 하는 차원에서도 그렇다. 나는 후배에게 그 심정을 충분히 이해한다고 말하면서 다음에 또 그런 경우가 생기면 마시멜로화법을 써 볼 것을 권했다.

"여보, 미안한데, 내가 너무 피곤해서 말이야. 혹시 청소 좀 도와줄 수 있을까? 자기도 모처럼 쉬는 날인데 미안해. 새벽부터 계속 일에 시달렸더니 너무 피곤해. 마음 같아서는 청소도, 빨래도, 설거지도 내가 다 하고 싶은데, 오늘은 몸이 천근만근이야. 부탁해도 될까?"

그러면 남편이 미안한 마음에서라도 아내의 요청을 거부하지 못할 것이다.

평소 우리는 배우자에게 도움을 청할 때 본의 아니게 강한 어조로 말할 때가 많다. 공격적인 느낌을 준다.

"방 좀 치워!"

"비켜요!"

"무슨 일이야? 말해봐!"

공격적으로 말하면 상대는 방어적이 되고 불편한 반응을 보이게 된다. 그다음 수순은 냉전 혹은 열전이다. 기분을 뒤틀리게 만드는 표현을 마시멜로화법에 맞추어 바꾸는 연습을 해보자.

"여보~, 미안한데, 방 좀 치워줄래요?"

"선생님~, 실례합니다만, 길을 조금 비켜주시겠어요?"

"최 대리~, 걱정돼서 그러는데, 무슨 일인지 말해줄 수 있을까?"

물론 마시멜로화법을 쓴다고 해서 모든 문제가 해결되는 것은 아니다. 마시멜로화법은 나의 요구로 상대가 느낄지 모르는 거부감이나 불편함을 완화시켜주는 윤활유와 같은 것이다. 사고를 100% 예방할 수는 없지만 확률을 줄여주는 것은 분명하다. 거절로 인한 불협화음 대신 긍정과 동조의 화음을 이끌어낼 수 있다.

별것 아닌 문제로 다퉈본 적이 있는가? 작은 부탁 하나에 신경질적으로 반응하는 배우자 때문에 마음고생을 해본 적이 있는가? 긍정적인 반응을 유도하는 방법을 몰라 고민한 적이 있는가? 그렇다면 지금 이 순간부터 마시멜로화법을 생활화해보기 바란다. 몰랑몰랑하고 달콤하기까지 한 이 화법에 익숙해진다면 매끄럽지 못했던 부부관계와 가정에 평화가 찾아올 것이다.

이런 말은 넣어두시라

언젠가 스피치 강의를 하고 있는데, 청중 가운데 한 분이 엉뚱한 부탁을 했다.

"강사님, 욕 한번 해보세요."

강의하는 내게 난데없이 욕을 해보라니 당황하지 않을 수 없었다. 이유를 물으니 늘 예쁘고 바른 말만 하시는 분이 욕을 하면 어떨지 몹시 궁금했단다. 그분의 기대에 멋지게 부응하는 욕을 들려주고 싶었으나 할 줄 아는 욕이 없어 넘어갔다.

사실 우리 집안은 대대로 욕을 잘하는 편이었다. 그게 싫었던 엄마는 '욕쟁이' 집안의 내력을 끊고 싶었는지 내가 어렸을 때부터 욕에 아주 엄격했다. 내가 어쩌다 욕 비슷한 말만 해도 혼쭐을 냈다. 욕을 입에

담을 수 없었고, 화가 나거나 싸움을 할 때도 욕은 사용할 줄 몰랐다.

내가 이상한 건가? 주변을 둘러보면 욕을 입에 올리는 사람이 의외로 많다. 싸움을 벌일 때는 말할 것도 없다. 분을 이기지 못해 혼잣말로 욕설을 내뱉는 경우도 적지 않다. 심지어 "평소에도 장난 삼아 서로 욕을 주고받는다"며 자랑하듯 말하는 부부를 본 적도 있다. 내가 의아한 표정을 짓자 그 부부는 겸연쩍게 웃으며 "심한 욕은 아니고 그냥 애교 차원의 가벼운 욕이에요"라며 애써 변명하는 것이었다.

욕에 심한 욕과 가벼운 욕이 따로 있을까? 욕은 욕일 뿐 어떤 경우에도 정당화될 수 없다. 입 밖으로 튀어나오는 순간 누군가에게 비수처럼 다가가 상처를 줄 뿐만 아니라 자신의 이미지에도 흠집을 내게 된다. 관계의 가치를 깎아내리고 신뢰를 무너뜨린다.

우리가 쓰지 말아야 할 말은 욕만이 아니다. 상대를 몰아세우거나 비아냥거리는 투의 말도 삼가야 한다. 똑같은 의미라도 음절 하나, 억양 하나의 차이가 받아들이는 사람의 감정을 바꿀 수 있다는 사실을 명심할 필요가 있다.

/

어느 날 커피숍에 앉아 있는데, 옆 테이블에서 귀에 거슬리는 소리가 잇따라 들려왔다.

"너는 이 상황이 웃기냐?", "그렇게 하는 게 맞다고 생각하냐?"

남의 대화를 엿듣는 취미는 없지만, 듣기에 불편한 말이 자꾸 들려와 나도 모르게 그들을 쳐다보게 되었다. 성인 남자와 어린 소녀가 앉아 있었다. 보아 하니 아빠와 딸인 것 같았다. 순간 놀라고 안쓰러운 마음이 들었다. 아빠가 어린 딸에게 하는 말이 위압적인 느낌을 주었기 때문이다. 딸은 아무 말 없이 테이블만 멍하니 쳐다볼 뿐이었다. 왠지 딸의 기분을 알 것 같았다.

아빠의 말에서 듣기에 좋지 않은 부분은 무엇일까? 압박하는 듯한 억양 그리고 '~냐'라는 종결어미다. 비록 한 음절에 불과하지만 이것이 들어가는가, 안 들어가는가의 차이는 크다. 느낌이 완전히 달라진다.

"너는 이 상황이 웃기니?"
"그렇게 하는 것이 맞다고 생각하니?"

'냐'를 '니'로 바꾸기만 했는데도 확연한 차이를 느낄 수 있다. 한결 부드러워지고 온화해졌다. 딸이 받아들이기에 더 좋아진 것이다. 아무리 어린아이라도 느낌은 속일 수가 없다. 부정적인 느낌을 받으면 주눅이 들어 위의 딸처럼 멍한 상태로 있게 되지만, 긍정의 기운이 느껴지면 자신의 상황에 대해 조금 더 적극적으로 생각하고, 아빠가 왜 화를 내고 있는지 반성하게 된다.

부부 사이에서도 마찬가지다. 술을 마시고 늦게 들어온 남편에게 아내가 빈정대듯 말한다.

"술이 그렇게 좋냐?"

남편의 대답은 들으나 마나다. 찌푸린 얼굴로 "술이 좋아서 마시는 사람이 어딨냐?"라며 통명스럽게 말할 게 뻔하다. 빈정거리는 말투에 밝은 얼굴로 다정하게 대답할 사람은 없다. 비꼬는 듯한 아내의 말은 남편이 품고 있었을 미안한 마음마저 저 멀리 날려버리고 만다. 이때 어미만 살짝 바꿔도 반응은 확 달라질 수 있다.

"술이 그렇게 좋아?"

약간 짜증이 섞여 있더라도 남편은 이렇게 대꾸할 가능성이 높다.

"에이, 술이 아무리 좋아도 당신만큼은 안 좋지."

달달한 남편의 말에 아내에 대한 미안함이 담겨 있다. 이후 둘의 대화는 긍정적인 분위기를 띠게 될 것이다. 설사 그렇게 표현할 줄 모르는 남편이라도 "에이, 아냐. 미안해" 하며 상황을 무마하는 대답 정도는 하게 될 것이다. 이렇듯 말은 음절 하나에 따라 전혀 다른 뉘앙스를 풍긴다.

말할 때 조심해야 할 것이 또 있다. '너'라는 호칭의 사용이다. 흔히 상대가 친구이거나 아랫사람일 때 사용하는 2인칭 대명사인데, 존칭도 아니고 어감도 좋을 게 없으므로 주의할 필요가 있다. 부부 사이에서도 마찬가지다. "우리 부부는 친구 같아서 괜찮아요"라는 사람들도 있지만, 사용하지 않는 편이 낫다. 다툴 때는 더욱 그렇다. 기분이 나쁜 배우자의 기분을 더 나쁘게 만들 수 있다.

"너가 그렇게 행동하니까 아이들이 따라 하지!"
"너가 먼저 시작했잖아!"
"너는 그게 문제야!"

'너'라는 말 대신 '당신'이라고 하면 어떨까? 당신이란 말에는 상대를 높이는 의미가 담겨 있고 어감도 좋아 호칭으로 쓰기에 적절하다.

"당신이 그렇게 행동하니까 아이들이 따라 하지."
"당신이 먼저 시작했잖아."
"당신은 그게 문제야."

느낌이 다르지 않은가? 물론 당신으로 부른다고 해서 갈등이 사라지거나 부부싸움이 없어지는 것은 아니다. 앞에서 이야기한 것처럼 부부간 원활한 소통을 위해서는 책임을 상대에게 전가하는 'You-message'가 아닌, 자신의 느낌과 요청을 투명하게 표현하는 'I-message'로 말하는 것이 제일 좋다. 하지만 이러한 유리화법에 익숙하지 않은 상태에서 감정에 치우쳐 말이 막 나가려고 할 경우에는 우선 '너'라고 하지 말고 '당신'이라고 호칭이라도 바꾸어보기 바란다. 그렇게만 해도 불필요한 자극을 피해 대화를 훨씬 부드럽게 이끌어갈 수 있다.

4

신혼으로 고백할까?

사랑과 배려의
감성 대화법

우리도 서로 간절히 사랑하던 시절이 있었다. 달콤한 사랑을 속삭이고, 하루 종일 같이 있어도 헤어지기가 아쉬웠다. 문자 알림 소리가 울리면 혹시 그(녀)가 아닐까 가슴부터 설렌다. 생각만으로도 미소가 번졌던 그때, 우리에게도 그런 시간이 있었다.

사랑의 말과 배려의 행동으로, 평생의 파트너인 나의 배우자와 함께 찬란했던 그 시절로 다시 돌아가보자.

함께 그리고 같이, '공감화법'

회사생활을 힘들어하는 그(녀)에게

"나, 회사 그만두고 싶어."

남편이 느닷없이 말했다.

"아무리 봐도 회사생활에 비전이 안 보여. 일도 재미없고 이젠 스트레스만 남았어. 잠시 쉬면서 앞으로 어떻게 할지 생각 좀 해봐야겠어."

전에 남편으로부터 이런 말을 들어본 적이 있는가? 언젠가 듣게 된다면 심정이 어떻겠는가? 모르긴 몰라도 눈앞이 캄캄해지면서 가슴이 철렁할 것이다. 앞으로 어떻게 산단 말인가. 걱정이 태산처럼 몰려올 것이다. 그리고 이내 무책임해 보이는 남편의 말에 따지듯 묻게 된다.

"그럼 당장 생활비는 어떻게 해? 요즘 힘들지 않은 사람이 어딨어?"

시위를 떠난 활처럼 날아간 아내의 한마디는 남편의 가슴을 찌르고 반발을 일으킨다.

“어떻게 그렇게 말하냐? 내가 돈 버는 기계야? 당신은 나보다 돈이 더 중요하지?”

그렇게 싸움은 시작되고 서로에게 상처로 남을 말들을 마구 쏟아내게 된다.

‘사랑은 이상이고 결혼과 경제력은 현실’이라는 말이 있다. 살다 보면 실제로 그렇다는 것을 인정하지 않을 수 없는 순간들이 찾아온다. 가정을 이룬 부부에게 돈이란 관계를 떠받치는 기본 요소이기 때문이다. 그렇다고 사람보다 돈이 먼저일 수는 없다. 돈은 벌면 되지만 사람은 대체할 수 없는 존재다. 더군다나 내가 사랑하는 사람이라면 더 말할 나위도 없다. 사랑은 이상일지 모르지만, 배우자는, 배우자의 마음과 건강은 결코 이상일 수 없다. 돈보다 중요한 현실이다. 나의 대응을 달리할 줄 알아야 한다. 현실을 배신하는 말이 튀어나오게 해서는 안 된다.

남편이 회사를 그만둔다는데 어떻게 차분히 대응할 수 있느냐고 반문할지 모르겠다. 어떻게 쉽게 이해하고 위로할 마음이 들겠느냐며 손사래를 칠 수도 있겠다. 쉽지 않은 일이다. 하지만 대화를 원한다면 자신의 감정을 최대한 자제하고 상대의 마음을 헤아릴 수 있어야 한다. 남편도 많은 고민과 갈등 끝에 말을 꺼냈을 것이다. 이미 힘든 시간을 보냈을 그에게 반격의 말 대신 공감의 말을 건네면 어떨까? 그러면 그는 안도감에 마음의 문을 열어 어떤 조언도 긍정적으로 받아들일 여유를 갖게 될 것이다. 그때 '진짜 대화'가 시작된다.

공감은 대화의 알파요 오메가다. 진솔한 감정의 교류를 가능하게 하고, 이해와 위로를 통해 힘을 얻게 하고, 설득과 수용을 통해 해결책을 모색하게 한다. 하지만 공감은 단순한 감정적 동조가 아니다. 관계를 성장시키는 효과적인 대화를 위해서는 공감에도 방법이 필요하다. 우리가 '공감화법'을 익혀야 하는 이유다.

회사를 그만두고 싶다는 남편의 갑작스러운 고백에는 어떻게 공감할 수 있을까?

① (심적 충격을 가라앉히고) 힘들었을 남편의 마음을 이해하고 위로해준다.
② 일을 하면서 나 역시 그런 순간이 있었음을 설명하며 공감대를 형성한다.
③ 내가 경험을 통해 얻은 깨달음을 남편도 얻게 될 것이라는 조언으로 마무리한다.

"당신 요즘 많이 힘들지? 무척 지쳐 보이더라. 나도 사회생활 10년 했잖아. 이 일을 10년 더 할 수 있을까, 이 일이 나의 천직일까, 이런저런 생각에 고민이 많았어.

전에 내가 회사를 옮겼던 거 알지? 맘에 차지 않는 상담일을 계속 하려니 우울증이 오더라고. 그때 많이 느꼈어. 어딜 가든 회사는 똑같다는 사실을, 재미있어 보이는 일도 막상 맡으면 스트레스가 된다는 것을.

몸도 마음도 지쳐 있으니 당장 그만두고 싶은 생각이 굴뚝같을 거야. 하지만 잠시만 더 버텨보면 어떨까? 내 생각엔 괜찮아질 수도 있을 거 같은데. 어쩌면 지금 하는 일이 당신에게 가장 소중한 일일지도 몰라. 여태껏 잘해왔잖아. 기운 내, 여보."

부모님 대하기가 버거운 그(녀)에게

평화롭던 가정에 별안간 문제가 생겼다. '더 이상은 안 되겠다'는 것이었다.

"장모님과 더는 같이 못 살겠어."
"시부모님 모시고 사는 거, 더 이상은 힘들어."

어느 날 갑자기 배우자로부터 이런 이야기를 듣는다면 가슴은 답답하고 머리는 복잡해질 것이다. 상대 입장에서 보면 이해 못할 바도 아니지만, 선뜻 드는 감정은 서운함이다. 미처 생각할 겨를도 없이 말이 튀어나온다.

"또 왜 그러는데?"

"그럼, 엄마 나가시라고 해?"

누가 봐도 이야기를 풀어나가기가 곤란한 상황이다. 자신의 부모님을 배우자가 거부하는 상황이라니. 자존심이 상하고, 상대의 무심함에 화가 난다. 어떻게 할까 걱정하는 마음은 그다음이다. 시원한 해결책이 나오지 않는 한 불편한 부부관계가 계속될 것이다.

서로에게 골치 아픈 부정적 상황에서 상대를 긍정적으로 설득하려면 어떻게 해야 할까? 제일 먼저 해야 할 것은 공감이다. 힘들어하는 상대의 입장을 무조건적으로 이해하는 공감화법으로 응해야 한다.

"당신 마음 충분히 알아. 얼마나 답답하겠어. 함께 지내는 것도 어려운데 마음에 상처까지 받으니 말이야. 회의감도 들겠지. 나도 마찬가지야. 더 하면 더 하지 덜 하진 않아.

나도 어머니가 이해가 안 돼. 왜 그렇게 말씀을 함부로 하시는지. 무서운 시어머니 밑에서 모진 시집살이를 오래 해서 그런가 싶어서 안된 마음도 들어. 하지만 너무 심한 건 사실이야. 요즘 누가 시어머니를 모시고 살아. 당신이니까 모시고 살았지. 어머니가 세상 바뀐 걸 좀 아셨으면 좋겠어. 고집불통이라서 나도 감당이 안 돼.

당신이 얼마나 힘든지 잘 알아. 어머니도 며느리가 얼마나 고마운 사람인지 알게 될 거야. 지난번에 그러시더라고. 며느리한테 말할 때 조심해야겠다고. 한다면 하는 분이니까 달라지실 거야. 힘들어도 조금만 더 참아보자."

배우자가 이렇게 이야기한다면 평소 상처를 받았을지라도 자신을 이해하고 위로하려는 상대의 공감과 배려에 자신의 마음을 돌리게 될 것이다. 세상에서 배우자의 마음을 누가 토닥여주겠는가. 배우자를 가장 잘 알고 가장 가까이에 있는 '내'가 아니겠는가.

공감화법은 부부 사이를 비롯한 모든 인간관계에서 가장 중요한 화법이다. 하지만 실제 대화에 적용하기란 생각처럼 쉽지 않다. 공감의 중요성을 인식하는 것과 대화의 공감대를 형성하는 것은 다른 차원의 문제다. 상대의 말을 들으면서 올라오는 감정에 치우쳐 내지르듯 말하지 말고, 침착하게 주의를 기울여 맨 처음 말을 꺼내는 것부터 시작해보자.

"내가 당신이라도 똑같았을 거야."
"나도 충분히 이해해."
"여태껏 참아준 당신에게 정말 감사해."

나의 고충을 알아주는 이와 같은 대답에 누가 성질을 내고 고집을 부리겠는가. 호수에 돌을 던지면 처음에는 퐁당 소리가 나며 파문이일지만 이내 잠잠해진다. 호수가 받아주기 때문이다. 그 고요하고 넓은 호수처럼 상대를 받아들여보라. 끝을 알 수 없을 것 같은 불만과 투정도 이내 수그러들 것이다. 나의 충격과 아픔은 잠시일 뿐이다. 포용하는 나의 말 한마디에 상대가 너그러워지고 부드러워지는 것을 느끼게 될 것이다.

당신도 그랬던 기억이 있지 않은가. 이해한다는 말, 사랑한다는 말 한마디가 차갑던 내 마음의 온도를 올려주고 처져 있던 어깨를 다시 치켜세워주지 않았던가.

엄마의 바람,
아빠의 핀잔

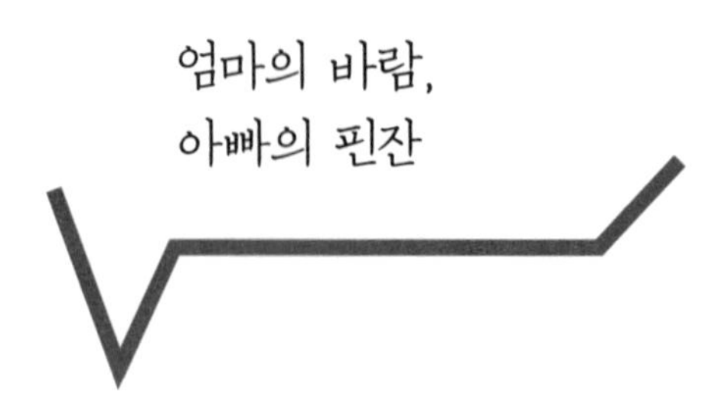

친정엄마가 점집엘 다녀오신 모양이다. 딸이 하는 사업이 어떨지, 과연 부자가 되어 행복하게 잘살 수 있을지 궁금하던 차에 지인을 따라 사주를 보러 가신 것이다. 나를 붙잡고는 한참 동안 이런저런 이야기를 하시는데, 가만히 옆에서 듣고 계시던 아버지가 불쑥 한마디를 던지셨다.

"돈이 썩어나? 쓸데없이 그런 걸 보러 다니고 그래? 한심하게. 앞으론 두 번 다시 가지 마!"

엄마가 가만있을 리 없다. "내 돈 주고 내가 본 건데"로부터 시작해서 "우리 가족 걱정돼서 사주 좀 본 걸 가지고" 등등으로 이어져 10절까지 이야기하시고는 그래도 분이 풀리지 않는지 종일 얼굴을 찌푸리고 다니셨다. 그날의 친정집 분위기는 말 그대로 '꽝'이었다.

아버지는 나쁜 의도로 말씀을 하신 게 아니리라. 단지 '미신에 의지하지 말고 자기 소신에 따라 살면 된다'는 뜻을 전하고 싶었을 것이다. 하지만 의도와 달리 엄마는 기분이 나빠졌고, 자기 속을 몰라주는 남편이 야속하기만 했다. 불쾌한 대화가 오갈 수밖에 없었다. 만일 그때 아버지가 이렇게 말씀하셨다면 어땠을까?

"당신, 애들도 걱정되고 여러모로 불안하지? 나도 애들이 잘되기를 바라는 마음에 걱정이 많아. 그런데 사주는 아닌 것 같아. 과거는 그럭저럭 맞춰도 미래는 못 맞춘다고 하더라고. 미래는 정해져 있지 않고 스스로 개척해야 하기 때문에 그럴 거야. 당신도 이런 얘기 들어본 적 있지? 사주를 보기보다 그 돈으로 건강에 좋은 음식을 사 먹는 게 낫지 않을까? 당신은 신앙을 가진 사람이니까 열심히 기도해도 좋을 거 같아. 그럼 다 잘될 거야."

그랬다면 우리 가족은 하루 종일 화기애애한 시간을 보낼 수 있었을 것이다. 말의 힘은 이처럼 무섭다.

결혼하고 나서 가장 좋았던 점은 늘 내 옆에 함께할 사람이 있다는 것과 무조건 내 편이 되어줄 지지자가 생긴 것이었다. 그런데 시간이 갈수록 '나의 편'이라고 믿었던 그가 '남의 편'인 것 같은 섭섭함이 느껴지곤 했다. 남편도 마찬가지였으리라. 알고 보니 그것은 착각이었다.

우리가 인간관계에서 버려야 할 것이 있다. 바로 가까운 사람을 향해 갖게 되는 막연한 기대다. 우리는 흔히 '그 사람이라면 내 마음을 이해하겠지', '굳이 말하지 않아도 알겠지', '내 생각하고 같겠지' 하고 생각한다. 하지만 현실은 그렇지 않다. 내가 표현하지 않으면 상대는 결코 나를 알 수 없다. 아무리 가까워도 서로가 처한 입장이 다르고 시각이 다를 수 있기 때문이다. 기대를 버려야 한다. 사랑으로 맺어진 일심동체 부부라고 해도 각기 다른 환경에서 나고 자란 독립된 개체라는 사실은 변할 수 없다. 그 사실을 인정하고 두 자아가 조화롭게 만날 수 있는 교통을 이루어야 한다. 원활한 소통을 위한 노력이 중요하다. 그래야 불필요한 감정 표출을 줄이고, 근거 없는 믿음에서 나오기 쉬운 불만이나 오해의 소지를 없앨 수 있으며, 친근한 공감의 대지 위에서 따뜻한 대화를 꽃피울 수 있다.

공감의 대화는 거저 주어지는 것이 아니다. 바로 지금부터, 작은 것 하나에서라도 그가 생각하는 '내 편'이 되어 틈틈이 표현해보기를 바란다. 내가 당신이라도 그럴 것 같다고, 이해한다고, 미안하다고, 고맙다고, 조금 더 노력하면 좋아질 거라고.

관계를 올려주고 당겨주는 '칭찬 화법'

당신 미소는 정말 매력적이야

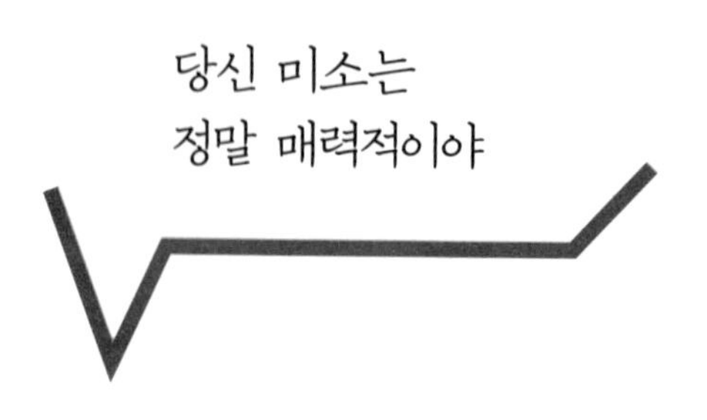

사람은 남녀노소를 불문하고 누구나 사람들에게 인정받고 싶어 하며 칭찬을 좋아한다. 세 살짜리 아들을 키우면서 그러한 속성을 더 확연히 느꼈다. 아들은 블록 하나를 쌓아 올리면서도 내가 봐주기를 원하고 칭찬의 말을 듣고 싶어 했다. 이렇듯 인정과 칭찬을 기대하는 것은 사회적 동물인 우리에게 태생적 본능에 가깝다고 할 수 있다.

칭찬은 개인의 행복지수를 올려줄 뿐만 아니라 인간관계를 개선시켜준다. 그래서 칭찬화법을 일명 '올리고당화법'으로 부르기도 한다. 칭찬을 마다할 사람은 아무도 없겠지만, 무턱대고 칭찬한다고 해서 다 좋은 것은 아니다. 기본적으로 3가지 요소가 반드시 들어가야 한다. 바로 상대에 대한 관심과 사랑 그리고 진심이다.

아내가 미용실에서 머리를 손질하고 왔다. 이때 남편은 어떤 반응을 보이는 것이 좋을까? 반응에 따라 남편의 등급을 매긴다면 어떻게 될까?

아내가 묻기 전에 먼저 바뀐 헤어스타일을 알아채고 긍정적인 반응을 보여준다면 최고의 남편이라 할 수 있다. 부부관계가 나쁠 수 없다. 그런데 그런 남편이 얼마나 될까? 대개는 아내가 머리를 자르고 왔는지 파마를 하고 왔는지 잘 모른다. "여보, 내 헤어스타일 어때? 요즘 유행하는 물결펌이야. 예뻐?"라고 물어야 비로소 반응이 나온다. 이때 당신은 어떻게 반응하는가? 잘 모르겠다면 아내의 질문을 그대로 따라 해보기 바란다.

"아, 물결펌이야? 예쁘네. 당신한테 잘 어울려."

이 정도만 호응해줘도 나쁘지 않다. 아내의 얼굴에 만족한 표정이 감돌 것이다.

/

심야 라디오방송을 마치고 귀가한 후 두세 시간 쪽잠을 자고 나서 다시 지방의 공무원교육원 강의를 위해 새벽에 집을 나섰다. 그런 일정이 며칠간 계속되던 어느 날이었다. 찌뿌둥한 몸을 스트레칭으로 달래고 현관에서 구두를 신고 있는데, 남편이 말했다.

"당신, 많이 힘들지? 그런데도 참 예뻐. 무척 피곤할 텐데도 생기발랄한 여대생 같아. 당신에게 교육받는 사람들은 얼마나 기분이 좋을까? 긍정의 에너지를 한껏 느낄 수 있을 테니 말이야. 게다가 강사가 예쁘기까지 하니….”

순간 속으로 이런 생각이 들었다.

‘이 남자가 왜 이러지?’

하지만 솔직히 기분은 나쁘지 않았다. 무거운 몸이 한결 가벼워진 듯한 느낌마저 들었다. 남편의 칭찬에 피식 웃으니 남편이 한마디 더 했다.

“와, 저 보조개 미소! 진짜 매력적이다. 하하하. 새빨간 원피스도 그래. 아무나 소화할 수 없는 옷인데, 아주 잘 어울려. 멋져! 역시 내 와이프야.”

남편의 과한(?) 칭찬은 홍삼근 10개를 먹은 것보다 더 큰 힘을 발휘했다. 그날 나는 턱없이 부족한 수면에도 불구하고 평소보다 좋은 컨디션으로 강의도 잘 끝내고 심야 방송까지 가볍게 마칠 수 있었다.

남편이 고마웠다. 일에 치여 가정을 제대로 돌보지 못하는 아내에게 불평이 아닌 기분 좋은 칭찬을 해주니 미안한 마음에 고마움이 더 크게 느껴졌다. 아무리 바쁘고 피곤해도 남편에게 더 잘해야겠다며 밥 한 끼라도 더 맛있게 차려주려고 노력하게 되었다.

‘칭찬은 고래도 춤추게 한다’고 했던가. 칭찬의 힘은 강하다. 관심과 애정을 담은 칭찬의 말은 상대에게 큰 힘을 주고, 둘의 관계를 돈독하게 만든다. 서로의 삶을 더 나은 방향으로 이끈다. 그야말로 행복지수는 올려주고 관계는 개선시켜주는 '올리고당'이 아닐 수 없다.

그 어떤 금은보화보다 값진 말의 선물, 칭찬. 지금 당장 실행에 옮겨보기를 권한다.

사랑받는 칭찬은 따로 있다?

결혼기념일을 맞은 부부가 백화점을 찾았다. 특별한 날이니만큼 남편은 큰맘 먹고 아내를 위해 고가의 선물을 사주었다. 그런데 아내는 기뻐하지 않았고, 남편은 아내로부터 감사는커녕 냉담한 소리를 들어야 했다. 왜 그랬을까?

의류 매장에서 나눈 두 사람의 대화를 보면 알 수 있다.

"여보, 이거 어때요?"

"응, 괜찮네."

"그래요? 그럼, 이건 어때요? 너무 어려 보일까? 노란색이 더 예쁠까?"

"뭐, 그것도 괜찮겠네."

"음, 그럼 이건요? 너무 타이트하긴 한데, 그래도 디자인이 참 예쁘죠?"

"그러게. 괜찮아 보이네."

"그러면 디자인은 이걸로 하고 색깔만 봐줘요. 파란색? 노란색?"

"음, 둘 다 괜찮아."

아내의 기분이 어땠을까? '이것도 좋고 저것도 다 좋다'는 식의 대꾸에 신경이 거슬렸을 것이다. 쇼핑에 전혀 도움이 되지 않을뿐더러 관심도 성의도 없는 태도에 성질이 났을 법하다. 즐거워야 할 모처럼의 쇼핑을 남편 때문에 망쳤다는 실망감에 속이 편치 않았을 것이다.

남편은 적이 당황했을지 모른다. 자기 눈에는 다 괜찮고 예뻐 보여서 그런 건데, 왜 불만이냐는 생각이 들었을 수도 있다. 설사 그렇더라도 아내의 마음을 더 헤아렸어야 한다. 심드렁한 느낌을 주는 표현이 아니라 진정성과 세심함이 느껴지는 구체적 표현을 썼어야 한다.

"노란색 블라우스는 젊어 보이기는 하지만 당신한테는 세련된 디자인이 더 어울려. 타이트해도 당신이라면 충분히 소화할 수 있겠어. 몸매가 좋으니까."

"색깔은 파란색이 좋겠어. 지적이고 세련된 당신 스타일에 딱 맞아."

남편이 아내의 물음에 이렇게 반응했다면 부부는 처음부터 끝까지 좋은 기분을 살려 백화점 쇼핑을 마치고 룰루랄라 귀가했을 것이다.

말은 구체적일 때 울림을 준다. 칭찬 또한 구체적인 사실을 기반으로 할 때 제대로 전달될 수 있다. 어떤 점이 좋은지 실례를 들어 이해하기 쉽게 말해주어야 한다. 추상적인 칭찬은 공허하게 들릴 뿐이다.

칭찬에도 연습이 필요하다. 칭찬의 순기능을 잘 알면서도 정작 실행에 옮기지 못하는 사람들을 종종 보게 된다. 내가 화법을 강의할 때마다 칭찬화법을 강조하며 이론은 짧게, 실습은 길게 하는 이유가 여기에 있다. 교육생들끼리 짝을 지어 '칭찬 주고받기'를 직접 해보게 하고, 가족에게 칭찬의 문자를 써서 보내도록 한다.

칭찬은 하는 것도 중요하지만, 받아들이는 것도 중요하다. 칭찬을 들으면 어쩔 줄 몰라 하는 사람들이 있다. 순순히 받아들이지 않고 의심을 품기까지 한다.

'이 인간이 왜 이러지? 나한테 뭘 원하는 거지?'

나 역시 그런 적이 있다. 새벽 출장을 가던 날, 남편이 발랄한 여대생 같다며 칭찬을 해주었을 때 '이 남자가 왜 이러지?' 하며 의구심을 가졌던 것이다.

/

칭찬하기 교육에서 있었던 일이다.

"강사님, 아내에게 답장이 왔습니다!"

모든 교육생의 시선이 그에게 집중되었다. 그가 핸드폰을 들고 읽은 내용이다.

"미쳤어? 왜 이래? 왜 안 하던 짓을 해? 또 보증 섰니? 이번에도 그러면 이혼이다!"

교육장은 일순간 웃음바다가 되었다. 이제껏 남편으로부터 들어보지 못한 칭찬을 들으니 아내가 '이 사람이 뭔 사고를 친 게 아닌가?' 하고 의아하게 생각한 것이다.

의심 다음으로 많은 반응은 이것이다.

"아우, 아니에요."

칭찬에 대한 부정이다. 상대방의 칭찬을 그대로 받아들이지 못하고 "아닙니다"라며 부정으로 반응한다. 어려서부터 '겸손이 미덕'이라고 배운 탓이 크다. 어쩌면 우리에게는 자연스럽고 당연한 반응처럼 여겨진다.

칭찬에 의심과 부정으로 반응하는 것은 칭찬의 의미를 퇴색시키는 좋지 않은 태도다. 칭찬하는 사람에게나 칭찬받는 사람에게나 석연치 않은 느낌을 주어 관계의 질을 떨어뜨린다. 가장 좋은 것은 긍정적 반응이다. 어떻게 해야 할까?

받아들이거나 되돌려주거나

칭찬에 긍정적으로 반응하기란 결코 어려운 일이 아니다. 2가지만 기억하면 된다. 하나는 그대로 받아들이는 것이고, 또 하나는 칭찬을 되돌려주는 것이다.

일요일 아침에 소파에 앉아 TV를 보고 있는 남편에게 아내가 말한다.

"여보, 얼굴이 환한 게 정말 좋아 보여."

"그럴 리가? 세수도 안 했는데? 어제 술을 많이 마셔서 부은 거겠지."

이렇게 부정할 필요가 없다. 안 해도 되는 말까지 할 필요는 더더욱 없다. 아내의 칭찬에 "아, 그래?" 하며 받아들이면 된다. 미소를 지으며 고맙다는 말을 해주면 더 좋겠다. 이것이 긍정적 반응이다. 어려울

게 없다. 그냥 긍정하면 된다.

여기서 한발 더 나아가 상대의 칭찬을 되돌려준다면 금상첨화일 것이다.

"아, 그래? 고마워. 근데 당신 얼굴도 아주 좋아 보여. 표정 좋고 피부 좋은 걸로 치면 당신이 최고지."

이른바 '핑퐁 토크'다. 칭찬을 주고받는 것이다. 탁구를 치듯 칭찬의 공을 서로 넘겨주면 기분이 좋아지면서 대화의 문을 활짝 열어갈 수 있다. 상대에 대한 호감으로 유쾌한 시간을 함께할 수 있다.

칭찬화법에 익숙해졌는가? 그렇다면 이제 좀 더 높은 단계로 올라가보자. 차원이 다른 놀라운 칭찬의 세계를 실감하게 될 것이다.

가장 강력한 커뮤니케이션 기술이 뭐라고 생각하는가? 공감과 환호를 자아내 상대의 마음을 사로잡는 그것, 바로 '비유'다. 비유는 힘이 세다. 같은 말이라도 비유의 힘을 활용하면 놀라운 효과를 발휘한다. 칭찬에서도 적절한 비유를 쓰면 듣는 사람의 기쁨을 배가시킬 수 있다. 아내가 화장품을 바꾸는 등 미용에 투자하여 피부가 좋아진 것 같다면 이렇게 말해보자.

"이야, 당신 피부 정말 좋은데! 고현정보다 더 곱다. 한번 만져봐도 돼?"

"당신 피부가 삶은 달걀 까놓은 것처럼 매끈매끈하네."

그냥 "피부가 좋아졌다"고 말하는 것보다 훨씬 낫지 않은가. 아내의 얼굴에 미소가 가득 번질 것이다. TV에서 고현정이란 배우를 보게 되면 자기도 모르게 손이 얼굴로 가게 될 것이다.

'음, 우리 남편이 당신 못지않은 피부라고 했다우.'

삶은 달걀을 보고도 절로 웃음을 지으며 자신의 피부에 만족과 기쁨을 표할 것이다. 그러면서 남편의 칭찬을 새삼 고마워할 것이다.

비유를 활용한 칭찬은 깊은 인상을 남긴다. 그 순간에만 기분을 좋게 하는 것이 아니라 유쾌한 기억으로 이후에도 계속해서 떠올라 자존감을 높여준다. 멋진 남편이 되고 싶은가? 지혜로운 아내가 되고 싶은가? 그렇다면 올리고당화법을 생활화하기 바란다. 적절한 비유를 넣어서 말이다. 그러면 언제 어디서나 즐겁고 행복한 관계를 만들어 갈 수 있다.

내 칭찬보다
큰 힘을 발휘하는 칭찬

언제 들어도 좋은 칭찬. 대부분은 눈앞에서 상대가 해주는 직접 칭찬이다. 그런데 묘하게 기분을 좋게 만드는 칭찬이 있다. 내 앞에 있는 상대가 전해주는 칭찬이다. 그 자리에 없는 누군가의 칭찬을 듣고 나에게 전달해주는 간접 칭찬이다. 제삼자의 칭찬은 직접 듣는 것과는 다른 느낌과 효과를 낳는다.

김장하느라 고생한 아내에게 남편이 말했다.

"여보, 이번에 김장할 때 진짜 고생 많았다며? 엄마가 나보고 당신 안마도 해주고 사우나도 보내주라고 하시네. 근데 당신 손이 그렇게 야무지다며? 40년 동안 김장을 해온 자신보다 올해 처음 해보는 당신이 더 낫다며 엄청 칭찬하시더라. 장가 하나는 참 잘 갔다고, 하나를 보면 열을 안다며 아무튼 당신한테 잘하라고 신신당부하시더라고. 시어머니 사랑 듬뿍 받아서 좋겠어."

아내는 남편의 말을 듣고 힘들었던 몸과 마음이 스스로 풀리는 것 같았다. 그냥 사서 먹어도 될 김치를, 그것도 100포기씩이나 담자니 얼마나 힘들었는지 모른다. 속으로는 불만이고, 허리는 끊어질 듯 아팠다. 다시는 못할 노릇이었다. 그런데 남편에게서 시어머니의 위로와 칭찬을 듣게 되니 왠지 모르게 기운이 나고 고생한 보람이 느껴졌다. 일할 때는 미처 몰랐지만, 며느리 마음을 알아주는 시어머니의 배려가 고맙고, 잠깐이었지만 시어머니에게 서운했던 자신이 부끄럽게 여겨졌다.

/

지난 추석 때 있었던 일이다.

"당신 오늘 A마트 갔다 왔어?"

"응, 왜?"

"혹시 마트 앞 노점상에서 뭐 샀어?"

"응, 할머니가 뜨거운 햇볕 아래에서 나물을 팔고 계시길래 내가 남아 있는 거 다 사고 짐들도 정리해드렸지."

"아, 맞나 보네. 오늘 큰누나가 마트 앞에서 당신을 봤다고 하더라고. 같이 있던 친구들이 '우와, 저 여자 진짜 착하네. 게다가 예쁘기까지 해. 대박!'이라고 말하기에 봤더니 당신이더래. 아는 척을 할까 하다가 그냥 참았대. 아무튼 누나가 당신은 얼굴도 예쁜데 착하기까지 하다며 나더러 진짜 장가 잘 갔다고, 과분하다고 하더라고. 참, 내가 뭐 어때서?"

'시누이가 내 칭찬을? 시댁에서 만나면 곧잘 나를 위아래로 훑어보던 그녀가? 별일이네.'

사실 나는 나를 대하는 시누이의 행동이 맘에 들지 않았다. 내게는 편하고 좋은 사람이 아니었다. 속으로 어떤 생각을 하는지 알 수 없었고, 딱히 뭔가 잘못한 것도 없는데 눈치를 보게 되었다. 그래서 남편의 간접 칭찬이 낯설고 당황스러웠다. 그러고는 이내 안심이 되었다. 시누이의 속마음을 알게 되어 다행스러웠고 불편했던 마음이 편해지는 것 같았다. 갑자기 보고 싶은 생각이 들기도 했다. 중간에서 말을 전해준 남편에게도 고마웠다.

제삼자의 칭찬은 듣는 사람은 물론 칭찬의 당사자와 전해준 사람 모두를 기분 좋게 만드는 훌륭한 방법이다. 특히 가정의 화목에 미치는 긍정적 영향이 크다. 위의 예와 같은 상황이 자주 일어나는 집안은 늘 화기애애한 분위기가 감돌 수밖에 없다.

아직도 '부부 사이에 무슨 칭찬?'이라고 생각하는가? 가족끼리 칭찬하는 것이 어색하게 느껴지는가? 아니다. 부부 사이이기에, 가족이기에 우리는 서로에게 더욱 큰 관심과 사랑과 진심을 보여야 한다. 매일 얼굴을 보고 살기에 소홀하기 쉬운 관계에서 칭찬처럼 소중한 것도 없다. 칭찬은 식어가는 애정을 끌어올려주고 밋밋해진 관계를 다시 당겨준다. 오래된(?) 부부를 신혼부부로 만들고, 조용한(?) 가정에 활력을 불어넣는다.

표현하지 않으면 아무도 내 마음을 모른다. 자주 칭찬할 일이다. 만들어서라도 칭찬할 일이다. 나를 인정해주고 믿어주는 사람에게 그런 노력은 인간으로서 당연한 일이기도 하다. 지금 당장 옆에 있는 당신의 배우자에게부터 시작해보기 바란다. 긍정의 눈으로 칭찬할 요소를 찾아 애정과 진심을 담아 구체적으로 칭찬해주는 것이다. 시작이 반이다. 오늘 시작했다면 내일은 두 번, 모레는 세 번 칭찬해보라. 그 횟수를 점점 늘려가다 보면 정말로 좋았던 그때로 다시 '고백(go back)' 할 수 있을 것이다.

신이 난다 얼쑤, '맞장구 화법'

교감하는 영혼에는 무엇이 있을까?

친구에게 인형 선물을 받았다. 햇빛을 받으면 고개를 끄덕이는 인형이다. 운전석 앞에 붙여놨는데 신호에 걸리거나 누군가를 기다리느라 정차할 때마다 자꾸 눈길이 간다. 항상 고개를 끄덕거리며 긍정의 메시지를 주는 것 같다. 심심할 때 가끔 말을 걸어보기도 하지만 인형은 대답하지 않는다. 분명 고개는 끄덕이고 있는데 아무런 말이 없다. 영혼이 없는 동작에 흥미를 잃게 된다. 그 인형을 보면서 소통을 생각하게 된다.

우리가 대화를 나눈다는 것은 누군가는 이야기를 하고 누군가는 들어주고 있다는 뜻이다. 대화는 말의 교류이고 순환이다. 내가 말을 하는데 상대가 아무런 반응을 보이지 않는다면 대화가 성립될 수 없다.

말할 맛이 안 나고 따분해지면서 속으로 여러 가지 생각을 하게 된다.

'내 말이 지루한가?', '무슨 일이 있나?', '뭐가 잘못되었을까?'

그에 반해 반응이 적극적이고 활발한 대화는 뭔가 통하는 느낌을 주고 신이 나서 시간 가는 줄 모르게 된다. 헤어질 때는 다음에 또다시 만나고 싶어진다.

/

그녀는 친구가 많다. 자주 친구들을 만난다. 자신이 약속을 만들기도 하지만, 먼저 연락해서 만나자고 하는 사람이 많다. 만나면 즐겁고 소통이 잘되는 느낌이 들기 때문이다. 그녀에게는 남들이 갖지 못한 특별함이 있다. 상대의 이야기를 잘 들어주고 이른바 '방청객 리액션'을 잘해준다. 중간중간 '와!'라는 감탄사로 반응하고, 재미있는 말에는 웃음과 함께 손뼉을 쳐주기도 한다. 굴러가는 낙엽을 보면서도 이런 대화를 나눈다.

여자 : 세상에! 벌써 가을이야. 낙엽들 굴러다니는 것 좀 봐!

친구 : 세월이 정말 빠르네.

여자 : 윽! 어떻게 이럴 수가 있어? 시간이 야속해.

친구 : 내 주름살도 늘어나겠지.

여자 : 오 마이 갓! 너한테 주름살이 어디 있다고.

친구 : 진짜? 이게 안 보여?

그녀의 말은 곳곳에서 감탄사가 튀어나온다. 대화 내용은 일상적이고 소박하기 그지없지만, 생동감이 넘치는 그녀의 리액션이 분위기를 밝게 만들고 대화에 생기를 불어넣는다. 그녀와 대화를 나누는 시간도 즐겁지만, 대화를 마치고 나서도 왠지 모르게 충분히 교감했다는 느낌이 들면서 만족감이 밀려온다.

그녀처럼 대화를 이끌어갈 수 있다면 얼마나 좋을까? 여기서는 한 가지만 기억하자. 어느 누구와 이야기를 나누든 '내가 듣고 있어요'라는 신호를 보내라는 것이다. 바로 맞장구를 쳐주는 것이다.

당신의 목소리가 보여요

맞장구는 상대의 말에 덩달아 호응하고 동의해주는 것으로, 대화 분위기를 한껏 끌어올려주는 추임새와도 같다. 이런 맞장구만 잘 쳐주기만 해도 당신은 상대로부터 대화를 잘하는 사람으로 인정받을 수 있다. 많은 말을 하지 않아도 말이다.

맞장구에는 '들리는 맞장구'가 있고, '보이는 맞장구'가 있다. 들리는 맞장구는 말로 하는 것으로, 주로 감탄사나 동의를 나타내는 표현을 사용한다.

"와!"

"응! 맞아."

"좋아!"

"그렇지!"

보이는 맞장구는 몸짓이나 표정 등 보디랭귀지를 사용하여 동의와 공감을 표하는 것을 말한다. 몸을 상대방 쪽으로 기울이고, 말하는 사람과 눈을 맞추며 고개를 끄덕인다.

배우자가 이야기할 때는 소파에 그냥 누워 있지 말고 바르게 앉아 배우자 쪽으로 몸을 살짝 틀어주거나 15도가량 숙여준다. 영혼 없이 "어. 그랬어?"라고 말하는 것이 아니라 진짜 놀랐다면 놀란 표정으로 반응을 보여준다. "좋은 생각이야. 맞아"라고 말은 하면서 무표정하거나 시선이 다른 곳을 향하고 있다면 오히려 부부싸움의 불씨가 될 확률이 높다. 신문, 책, TV 등을 보고 있을 때 말을 걸면 사실 짜증이 날 수는 있다. 그렇다면 부탁을 하라.

"잠깐 내 말 좀 들어줄래요?"

역으로 내가 다른 일을 하고 있을 때 배우자가 말을 시킨다거나 동의를 구하는 말을 한다면 언짢지 않도록 잠시 하던 일을 멈추고 반응을 보여주자. 문제는 리액션이라는 것을 명심하자. 설령 머릿속으로 딴 생각을 하고 있더라도 들어주는 척, 보이는 맞장구와 들리는 맞장구를 잘해주면 부부생활이 훨씬 편안해질 것이다.

/

연애 시절 그는 '맞장구계의 젠틀맨'이었다. 그때의 모습이 아직도 기억에 선명하다. 사방이 온통 투명 유리로 둘러싸인 온실 같은 곳에서 함께 점심 식사를 하고 있을 때였다. 환한 햇살이 두 사람을 비추어주고 있었다. 여자는 이야기를 하고, 그는 테이블에 팔을 가볍게 걸친 채 상체를 살짝 기울인 상태에서 미소를 머금은 얼굴로 그녀와 시선을 맞추고 귀를 기울였다. 이야기를 들으며 사이사이 고개를 끄덕이고 "아, 네" 하며 장단을 맞추었다. 여자는 남자의 호응에 흥이 나서 종달새가 지저귀듯 많은 말을 쏟아내게 되었다. 남자는 그런 그녀가 좋았고, 둘은 서로에게 매력을 느껴 결혼을 약속하기에 이르렀다.

결혼 10년 차인 지금, 두 사람은 어떻게 지내고 있을까? 그녀는 책을 읽거나, 멋진 남자 배우가 나오는 드라마를 보거나, 친구와 메시지를 주고받고 있을 때 그가 끼어드는 것을 귀찮아한다. 그 또한 좋아하는 야구를 보거나, 게임을 하거나, 신문을 읽을 때 그녀가 말을 걸어오는 것을 꺼린다. 귀에 잘 들어오지도 않고 무엇보다 집중을 방해하기 때문이다. 맞장구는 먼 과거의 모습이 되고 말았다. 서로가 느끼는 부분은 다르지 않다. 말을 걸어도 중간에 공중분해되는 느낌이다. 크게 "내 말 듣고 있어?"라고 해야 겨우 대답을 듣는 정도다. 기분이 좋을 리 없다. 그다음은 냉전 모드다.

내 말이 상대에게 전달되지 않고 산화되는 느낌은 불쾌하다. 무시당한 것 같아 자존심에 상처가 나고 상대에 대한 원망과 분노가 일어난다. 애정이 담긴 호응은 고사하고 아예 듣지도 않는단 말인가.

관계가 오래 지속되면 서로에게 무심해지는 경우가 많다. 멀어진 관심에 서운함이 쌓이고 그것을 회복하고자 하는 노력조차 구차하게 느껴지기도 한다. 이럴 때 맞장구라도 쳐주면 얼마나 좋을까? 아무리 바쁘고 무언가에 빠져 있더라도 조금만 주의를 기울이면 얼마든지 할 수 있는데 말이다. 좋은 방법이 없을까?

‘진짜?’가 사랑을 부른다

어느 모임에서 재미있고 유익한 팁(tip)을 얻었다. 아내와 대화할 때는 “헐”, “대박”, “진짜?” 이 세 단어를 꼭 기억하라는 말이었다. 아내가 말하는 중간중간에 이 단어들을 적절히 사용하면 사랑받는 남편이 될 수 있다는 것이다. 정말 그럴까? 내 남편은 어떻지? 나는?

내 남편은 맞장구에는 젬병이다. 사실 대부분의 남편들이 그렇다. 내 딴에는 제법 솔깃한 이야기여서 기억해두었다가 남편에게 알려주면 대개 별것 아니라는 반응이다. 나를 빵 터지게 만든 유머를 들려주어도 “그게 뭐가 웃겨?”라며 시시하다는 투로 말한다. 한심하다는 듯 쳐다보는 눈빛이 말하는 사람을 허무하게 만들어 더 이상 대화할 엄두가 나지 않는다.

안팎으로 쌓인 일 때문에 머릿속이 복잡하더라도 배우자와 대화할 때는 맞장구를 아끼지 말아야 한다. 맞장구는 고도의 기술을 필요로 하는 행위가 아니다. 고개를 끄덕여주기만 해도 말하는 사람은 힘이 나게 되고, 듣는 사람은 대화에 더 집중할 수 있게 된다. "그래서 어떻게 되었는데?"라고 물어봐주기라도 한다면 대화는 더욱 즐겁고 풍성해질 수 있다. 그러면서 호감이 더해지고 관계가 깊어지는 것이다. 맞장구의 힘이다.

아내 : 여보, 오늘 하루는 어땠어요?

남편 : 맨날 똑같지 뭐.

아내 : (Step 1 동의) 그래요? 다행이에요. (Step 2 공감) 저도 그랬어요. 특별한 일이 있는 것보다 평범한 일상이 때로는 고맙지요.

무덤덤한 남편의 대답에 아내가 동의와 공감의 맞장구로 답한다면 남편이 이상한 듯 쳐다볼지 모른다. 그래도 맞장구를 그만두어서는 안 된다. 다음 날에는 조금 다른 맞장구를 시도해보자.

아내 : 여보, 오늘 점심 식사는 어땠어요?

남편 : 가격이 착해서 좋았는데, 짠 게 문제였어.

아내 : (Step 3 호응) 많이 짰어요? 식당 음식은 간이 센 것 같아요.
짜게 먹으면 몸에 안 좋은데.

남편 : 그러게. 주말에는 조금 싱거운 음식을 먹고 싶어.

아내 : (Step 4 정리) 알겠어요. 건강식을 원한다는 말이지요?

그야말로 완벽한 맞장구 화법이다. 아내가 이와 같은 맞장구로 화답해준다면 남편은 고마운 생각이 절로 들 것이고, 기쁜 마음으로 주말을 기다릴 것이다.

주변을 보면 맞장구에 서툰 남자들이 많다. 해본 적이 별로 없기 때문이다. 경험도 없고 교육을 받을 기회도 거의 없다. 이럴 땐 여자가 나서야 한다. 아내가 먼저 적극적으로 맞장구의 모범을 보임으로써 대화가 긍정적으로 변해가는 모습을 확인할 수 있게 해주는 것이 좋다. 그러다 보면 어느새 남편도 맞장구에 익숙해지고 스스로 실천하게 된다. 부부는 서로 닮아간다고 하지 않던가.

더 적극적인 방법은 직접 맞장구를 요청하는 것이다.

"내가 하는 말 듣고 있지요? 근데 당신이 맞장구를 쳐주지 않으니 잘 듣고 있는 건지 모르겠어요. 나랑 대화할 때는 내 말에 호응해줘요."

다시 말하지만, 부부는 환경도, 성격도, 취향도 다른 두 사람이 애정으로 가정을 이룬 관계다. 공통점이나 공감대보다는 다른 점이나 다르게 느끼는 부분이 더 많다. 함께 생활한다 해도 내 마음을 알아서 이해하고 공감하기란 쉽지 않은 일이다. 수시로 서로의 생각과 감정을 교환하는 가운데 필요한 부분은 요청할 수 있어야 한다. 일상적인 대화는 특별한 내용이 없는 경우가 대부분이겠지만, 맞장구가 없다면 대화는 점점 더 줄어들 것이고 관계 또한 그만큼 벌어질 것이다. 맞장구는 자신의 노력도 중요하지만, 상대가 받아줄 수 있게 요청하는 일도 중요하다. 부부 사이의 깊이 있는 대화와 보다 성숙한 사랑, 그리고 더 나은 삶을 위해서.

큰 사랑은 진다, '배려화법'

소통이 어려운 진짜 이유

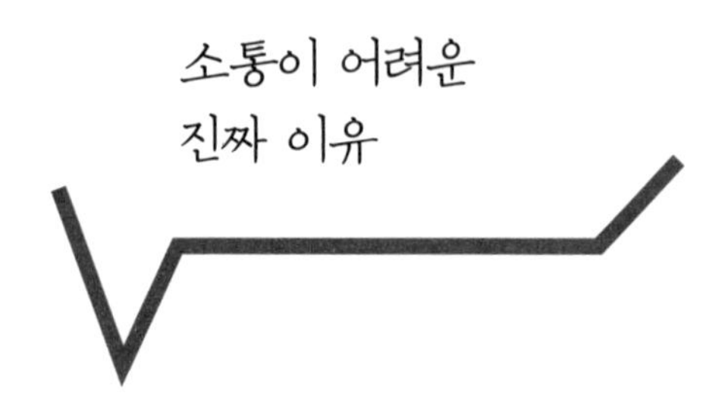

'왜 내 마음 같지 않을까?'

'저 사람은 왜 그리 삐딱할까?'

'전혀 그런 의도가 아니었는데….'

살다 보면 누구나 한 번쯤은 떠올려보게 되는 생각들이다. 내 생각과 다르게 돌아가는 세상, 이해하기 어려운 사람의 언행, 내가 의도한 것과 다르게 받아들이는 사람 앞에서 우리는 당혹감을 느끼고 때로 좌절하기도 한다.

하루는 남편이 근심이 가득한 얼굴로 이렇게 이야기했다.

"요즘 신입사원들은 우리 때랑 너무 달라. 왜 그렇게밖에 못하지?

좋아하는 일이 아니면 아예 눈길도 주지 않아. 말이나 행동도 고분고분하지 않고 참을성도 부족해."

남편뿐만 아니라 젊은이들에 대한 불만과 탄식을 털어놓는 이들이 많다. 내용은 대동소이하다. 한마디로 이해하기 어려운 세대라는 것이다. 이해하려 하지 말고 다른 행성에서 온 생물로 간주하라고 대놓고 말하는 사람도 있다. 세대 간의 차이가 얼마나 큰지 짐작케 한다.

그런데 이것을 젊은이들만의 문제라고 할 수 있을까? 과연 요즘 기성세대는 아무런 문제가 없는 것일까? 그들만의 시각으로 바라보기 때문이거나 소통이 부족해서 그런 것은 아닐까?

알고 보면 어른들이 젊은이들의 행태를 못마땅하게 여긴 이야기는 아주 오랜 역사를 가지고 있다. 기원전 점토판에 새겨진 문자를 해독했더니 "요즘 젊은이들은 너무 버릇이 없다"라는 내용이었다는 설도 그렇거니와 고대 그리스 철학자 소크라테스가 "요즘 아이들은 폭군과도 같다. 아이들은 부모에게 대들고, 게걸스럽게 먹으며, 스승을 괴롭힌다"라는 말을 남겼다는 이야기는 유명하다. 중세시대에도 "요즘 애들은 답이 없다"라며 한탄하는 기록이 전해진다. 실은 인류의 조상들도 요즘의 선배들과 똑같은 생각을 가졌던 것이다.

"우리 때는 안 그랬다!"

젊은 직원들에 대해 불평하며 하소연하는 남편을 보며 피식 웃음이 났다. 대상만 다를 뿐이지 나도 남편과 생활하며 '왜 저렇게밖에 말을 못하지?'라는 생각을 종종 했었으니까. 아마도 남편은 모를 것이다. 내가 그렇게 생각한다는 것을. 마찬가지로 젊은 직원들도 그들의 상사가 말이 안 통해 고민하고 있다는 사실을 알지 못할 것이다.

소통이 어려운 이유의 본질은 입장의 차이다. 남편과 아내, 부모와 자식, 상사와 직원, 고객과 직원이 각자의 입장에서 생각하고 판단하고 행동하기 때문이다. 그 소통의 간극을 메우려면 어떻게 해야 할까?

가족, 가깝지만 어려운 사이

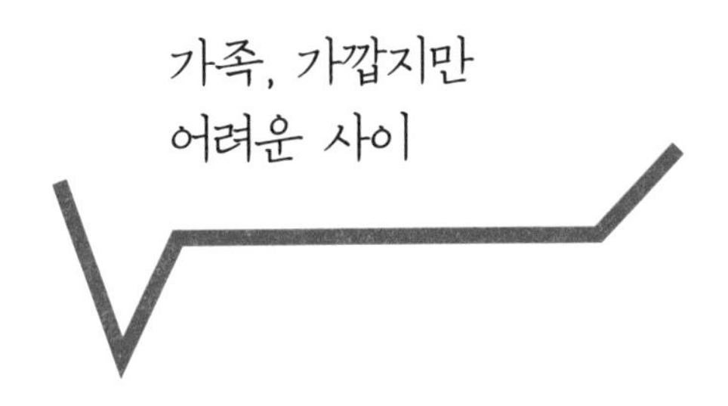

세상에서 가장 어려운 대화 상대는 누구일까? 당신은 누구라고 생각하는가? 강의와 코칭을 해오면서 만난 사람들이 가장 많이 호소하는 내용은 가족과의 대화가 어렵다는 것이었다. 가까운 만큼 서로를 인정하고 존중해야 하는데 현실은 정반대이기 때문이다. 오히려 더 함부로 대하고 기분 내키는 대로 말해버리는 경우가 허다하다. 밖에서는 온갖 예의를 갖추고 배려를 아끼지 않는 사람이 가족에게는 무성의하고 자기 멋대로 구는 모습도 종종 보게 된다.

가깝고 편하게 여기는 사이일수록 상대를 '쉽게' 대하는 경향을 아주 잘 보여주는 예가 있다. 시어머니와 친정어머니에 대한 그녀의 태도다.

/

"아가야, 이번 연휴에는 바닷가에 가서 맛있는 거 먹고 오자."

시어머니가 이렇게 말했을 때 "어머님, 연휴에는 차도 엄청 막히고, 사람들한테 치여 힘들기만 해요"라고 말할 수 있는 '간 큰' 며느리가 얼마나 될까? 아마도 별로 없을 것이다. 내키지 않아도 겉으로는 "예, 그러시죠" 할 것이다. 하지만 친정어머니가 같은 말을 하면 대답이 달라진다.

"영미야, 이번 연휴에 바닷가로 놀러 갔다 오자."

"엄마, 연휴에는 차가 얼마나 밀리는 줄 알아? 엄마가 운전할 거야? 딸 피곤한 건 생각 안 해? 그리고 바가지 요금 때문에 돈도 많이 들어. 다음에 가!"

딸은 친정어머니한테 솔직하게 자기 이야기를 했을 뿐이라고 생각했을 것이다. 그게 사실이고, 엄마는 늘 자신을 사랑으로 아껴주는 사람이니까 아무렇지 않게 말했을 것이다. 그러나 엄마도 사람이다. 자존심과 인격을 가진 존재다. 세상 누구보다 편한 엄마이지만 가볍게 대해서는 안 될 일이다. 부모 자식 간이라도 최소한의 배려와 예의는 지켜야 한다. 그렇지 않으면 엄마의 마음에 상처를 남기게 되고, 즐거워야 할 모녀의 대화가 얼굴을 붉히는 상태로 끝나버리고 만다.

두 가구 중 하나는 맞벌이 가구일 정도로 그 수가 늘어나면서 자녀

양육을 부모에게 맡기는 워킹맘들이 많다. 당연히 '대가'가 따른다. 용돈을 드리는 것이다. 항간에 이와 관련한 우스갯소리가 떠돈다고 한다. 시어머니한테 아이를 맡기면 100만 원을 드리고, 친정어머니에게 맡기면 150만 원을 드려야 한다는 것이다. 여기서 50만 원의 차이는 뭘까? 친정어머니라서 더 배려해야 한다는 의미일까? 아니다. 막말을 하는 값이란다. 내 감정대로 말을 퍼부어대는 값을 치러야 한다는 뜻이다. 그러고 보면 대한민국에서 가장 대표적인 감정노동자는 외손주를 돌보는 친정어머니들이 아닐까 싶다.

감정노동자는 일하는 과정에서 자신의 감정을 억누르고 통제해야 하는 노동자를 일컫는다. 하늘과 같은 고객을 응대하며 겉으로는 웃지만 속으로는 우는 사람들이다. 우리의 친정어머니들은 낮에는 외손주를 돌보느라 허리 펼 새가 없고, 밤에는 퇴근한 딸의 잔소리와 막말을 받아주느라 마음 편할 새가 없다. 그런 분들이 원하는 게 뭘까? 시어머니보다 50만 원 많은 용돈일까? 아닐 것이다. 어쩌면 우리 친정어머니들이 절실히 원하는 것은 딸의 따뜻한 말 한마디가 아닐까?

상대를 배려하는 마음이 대화를 편하고 즐겁게 만든다. 가족 간 대화에서는 더 말할 나위가 없다. 편하게 생각하기 때문에 오히려 배려를 잊기 쉬운 관계가 가족이기 때문이다. 내 입장에서 내가 하고 싶은 말만 한다면 결코 좋은 소통을 할 수 없다. 엄마 입장에서 생각하고 배려하는 딸이 엄마의 한숨을 줄이고 주름살을 펴게 한다.

부부관계를 죽이는 위험한 생각

달콤한 연애를 하다가 부부가 되어 함께 산 지 10년이 넘었다. 그새 알게 모르게 많은 변화가 있었지만, 그중 하나는 서로에게 자주 쓰던 표현을 점점 안 하게 되었다는 것이다.

연애 시절은 물론 신혼 초까지만 해도 우리는 시도 때도 없이 둘만의 애정 어린 표현을 즐겼다. 달달하게 서로를 부르는 애칭, 사랑이 가득한 고백, 진심을 담은 감사, 작은 다툼에도 집 앞까지 찾아와 전하는 사과의 한마디…. 별것 아닌 것 같지만 이런 표현들을 주고받았기에 우리는 행복했고 함께 만들어갈 미래를 꿈꿀 수 있었다.

그랬는데, 지금은 과거가 되어버렸다. 사랑과 믿음과 소망의 표현들이 낯설어지고 일상적이고 현실적인 대화들만 남게 되었다.

/

어느 날, 집에 들어온 남편의 손에 꽃다발이 들려 있었다. 퇴근하는 길에 너무 예뻐서 샀단다. 남편은 환한 미소로 맞아줄 아내의 반응을 기대하며 조금은 어색하게 꽃다발을 건넸다. 아내의 첫마디는 무엇이었을까?

"근데 이거 얼마야?"

잔소리가 이어진다.

"나는 꽃 사는 게 정말 아까워. 시들면 그만이잖아. 꽃을 사느니 그 돈으로 치킨을 시켜 먹는 게 낫지. 고맙긴 한데 다음에는 꽃 대신 돈으로 줘."

그녀는 남자친구가 꺾어 온 들꽃 하나에도 반색하며 감동하던 소녀 같은 여인이었다. 사랑을 노래하고 만남에 가슴 설레던 꽃다운 연인이었다. 그녀가 결혼을 하고 아이를 낳아 키우면서 순수한 소녀에서 현실적인 어른으로 변해버린 것이다. 아름다운 꽃과 자상한 남편의 마음보다 이번 달 생활비를 먼저 챙기는 아내가 되었다. '말하지 않아도 알겠지'라며 사랑한다, 고맙다는 말에 인색해졌다.

부부 사이에서 가장 위험한 생각이 뭔지 아는가? '말을 안 해도 알아주겠지' 하는 생각이다. 함께한 세월이 얼마인데 그 정도도 모르겠느냐고 넘겨짚는다. 하지만 천만의 말씀이다. 독심술을 가진 사람이라면 몰라도 상대가 표현하지 않는 이상 남의 마음을 알기는 어렵다. 마음을 나누려면 때에 맞게, 상황에 맞추어 표현할 줄 알아야 한다.

주변을 살펴보면 애정이나 감사 표현에 서툰 부부들이 참 많다. 오래된 부부일수록 더 그런 편이다. 아내가 밥상을 차려주었을 때, 남편이 설거지나 청소를 도와주었을 때, 피곤해하는 아내를 대신해 아이들과 놀아주었을 때, 평소에 먹지 못하는 귀한 음식을 사주었을 때, 배우자로부터 뜻밖의 선물을 받았을 때 당신은 어떻게 하는가? 배우자의 배려와 도움에 고맙다고 말하는가? 아니면 '부부가 서로를 돕는 건 당연한 일이니 표현할 필요가 없다'는 생각으로 그냥 지나치는가?

부부가 살면서 나누는 표현은 거창하지 않아도 된다. "고마워", "사랑해", "함께 있어 행복해" 한마디면 된다. 그 정도만 해도 감사와 애정의 표현으로 부족하지 않다. 간단하지만 서로가 그 느낌을 잘 알 수 있기 때문이다.

표현할수록 좋은 것이 긍정의 느낌이라면, 표현하지 않을수록 좋은 것이 부정의 느낌이다. 이에 관한 유명한 실험이 있다.

양파 2개를 놓고 한쪽에는 날마다 사랑과 감사의 표현을 해주고, 다른 한쪽에는 불평과 비난의 말을 해주었다. 얼마 후 두 양파는 확연히 다른 모습으로 변해 있었다. 긍정의 표현을 들은 양파는 줄기와 뿌리가 풍성하고 윤기가 났는데, 부정적인 말을 들은 양파는 줄기가 마르고 뿌리가 썩어가고 있었다.

말은 이렇게 강력하다. 식물도 그럴진대 사람은 오죽하겠는가. 당신의 말 한마디가 부부관계를 살릴 수도 있고 죽일 수도 있다. 아이들에게 생명과 활기를 불어넣을 수도, 지치고 병들게 할 수도 있다. 부정의 언어는 버리고 긍정의 언어를 자주, 오래 사용하기 바란다.

남편은 누구 편일까?

외국 항공사에서 승무원으로 근무하다가 외국인과 결혼한 친구가 있다. 한번은 그 친구와 부부 동반으로 펜션으로 놀러 갔다가 큰 문화적 충격을 받았다.

우리는 함께 펜션 마당에서 고기 구울 준비를 하고 있었다. 배가 고파 마음이 바쁘다 보니 그만 사고를 치고 말았다. 지글지글 먹음직스럽게 익어가는 고기를 빨리 먹고 싶은 마음에 쟁반을 들고 허겁지겁 발걸음을 재촉하다가 그만 잔디밭에 미끄러져 넘어진 것이다. 순간 너무 창 · 피 · 했 · 다. 하지만 그것도 잠시, 속이 부글부글 끓어올랐다. 다친 무릎 때문에 아파 죽을 지경인 나를 바라보는 남편의 시선 때문이었다.

우당탕탕 큰 소리가 나자 남편은 넘어진 나를 얼른 일으켜 세울 생각은커녕 '뭐야?' 하며 힐난하듯 쳐다보고 있었다. '고기 먹고 싶어 환장했어? 왜 그렇게 칠칠맞니? 하여간 식탐이 지나치다니까. 부끄러운 줄도 모르고…'라며 한심하다고 여기는 것 같았다. 창피하고 아픈 사람을 속까지 쓰리게 했다.

그때 재빨리 달려와 내 손을 잡고 일으켜준 사람은 내 남편이 아닌 친구의 남편이었다.

"괜찮아요? 다친 데 없어요? 아, 내가 미리 옮겼어야 했는데…."

어설픈 한국말로 걱정해주는 친구 남편의 모습에서 진심으로 사람을 위하는 마음이 느껴졌다.

그 사건 후에도 남편은 계속해서 내 속을 긁는 소리를 했다. 친구가 "제 친구라서가 아니라 정말 괜찮은 여자랑 사는 거 아시죠?"라며 웃으면서 말하자 남편이 한다는 말이 고작 이것이었다.

"네, 나쁘지 않아요. 그래도 베스트 오브 베스트는 아니죠. 하하. 굳이 따져보면 제가 만난 여자들 중에서 한 4위쯤 될걸요?"

"예쁘잖아요. 제 친구 남자들한테 정말 인기 많았어요."

"예쁘죠. 하지만 뭐 소름 돋을 정도로 예쁜 건 또 아니잖아요? 하하하."

정말이지 이 남자를 어찌하면 좋단 말인가. 마음 같아서는 당장 꿀밤이라도 한 방 먹이고 싶을 정도였다. 하지만 좋은 분위기를 망칠 수는 없는 노릇이어서 일단은 참고 넘어갔다.

집으로 돌아오는 길에 어떻게 사람이 그럴 수 있느냐며 남편에게 따지고 들었다. 그랬더니 남편이 한다는 변명 아닌 변명, 해명 아닌 해명이 "농담한 걸 가지고 뭘 그래? 그냥 웃자고 한 말이야"였다. 넘어졌을 때의 그 표정은 뭐냐는 말에도 대수롭지 않게 "내가 그랬어? 나는 기억이 안 나는데" 정도로 응수할 뿐이었다. 상처를 주고도 왜 그게 상처가 되는지 이해할 수 없다는 투였다. 자신이 던진 돌에 개구리 아내는 피투성이가 되었는데도 그걸 모르다니, 슬프고 화가 나고 서러웠다.

내가 친구의 남편을 보고 부러워했던 것은 자상한 행동이 아니었다. 고기를 싸서 친구에게 먹여주고, 무거운 것을 대신 들어주고, 옷을 벗어 친구 어깨에 걸쳐주는 그런 모습들이 솔직히 부럽기도 했지만, 그보다 진짜 부러웠던 것은 친구 남편이 보여준 배려의 언어들이었다. 그는 친구가 어떤 말을 해도 진심으로 대하며 "정말 대단한데? 역시 내 아내야"라며 아내를 인정하고 존중해주었다.

내가 친구 남편의 배려심을 칭찬하자 남편은 그게 뭐 대수냐며 가볍게 받아넘겼다.

"야야, 낯간지럽게 무슨! 그걸 꼭 말로 해야 아니? 그 사람은 외국인이라 사용하는 표현이 우리와 다른 거야. 수치로 따지면 내 사랑이 더 클걸? 그걸 몰라?"

그러고는 큰 소리로 노래를 부르는 게 아닌가.

“난 널 사랑해. 모든 진심은 오직 너뿐인 걸. 워워워, 난 널 사랑해….”

정말로 답이 없는 남편이다. 그날 나는 두 손 두 발을 다 들어야 했다.

사람의 감정은 상대적이다. 특히 말에 따라 크게 좌우된다. 뒤틀리고 꼬인 마음도 기분이 좋아지는 말을 들으면 쉬이 풀리지만, 역으로 무시하거나 비하하는 말을 들으면 좋은 기분도 금세 나빠진다. 공격적인 말에는 다시 공격적으로 맞서게 된다. 아무리 사랑으로 맺어진 관계라 해도 배려 없는 언행이 계속되면 감정이 폭발하게 된다. 배려가 배려를 부른다. 배려와 사랑이 묻어나는 언행으로 상대를 대해주면 상대 역시 나를 배려하고 존중하는 모습을 보일 것이다.

공유하고 싶다면 따·라·하·자

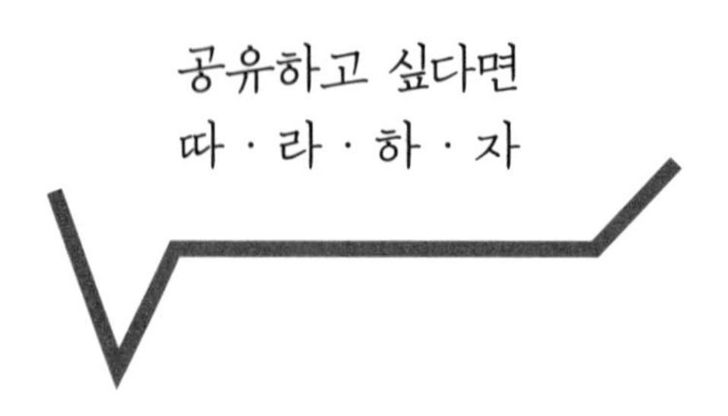

아내가 존경해 마지않는 남편의 능력이 있었다. 바로 탁월한 방향감각이었다. 남편은 내비게이션 없이도 언제나 정확하고 안전하게 목적지까지 차를 몰았다. 중간에 헤매거나 시간을 끄는 일이 한 번도 없었다. 신기할 정도의 운전 실력에 감탄이 절로 나왔다. 아내는 그런 남편에게 속으로 늘 경의를 표했다.

원숭이도 나무에서 떨어지는 날이 있다고 했던가. 그러던 어느 날, 남편이 실수를 범하고 말았다. 부부는 지방으로 여행을 가던 중 새만금방조제를 경유하기로 했다. 자신의 방향감각을 믿어 의심치 않은 남편이 무슨 연유인지 방조제 근처 산업단지 안에서 방향을 잃고 말았다. 아무리 둘러봐도 커다란 공장들만 가득한 곳에서 갈피를 잡지 못했다. 머쓱해진 남편이 아내에게 말을 걸었다.

남편 : 이야, 저기 풍력발전기가 보이네.

아내 : 오, 풍력발전기가 다 있네.

남편 : 공장들 크기 좀 봐. 정말 크네.

아내 : 진짜, 엄청 큰 공장들이야.

남편 : 저런, 큰 차가 너무 빨리 달리는데?

아내 : 큰 차가 빨리 달리니까 위험해 보여.

잠시 후 남편이 아내에게 말했다.

"당신은 정말 좋은 사람이야. 이런 공장지대 안에서 길을 잃으면 투덜거리며 신경질을 부릴 법도 한데, 차분한 태도로 호응해주니 고마워. 멋진 바닷길을 구경시켜주고 싶었는데 헤매게 돼서 미안한 마음에 당신 눈치를 보고 있었는데 말이야."

아내가 남편에게 특별한 말을 한 것은 아니었다. 단지 남편의 말을 듣고 그대로 따라 했을 뿐이었다. 그런데 그것이 남편에게 감동을 선물하는 결과를 가져온 것이다.

대화의 본질은 감정을 공유하는 것이다. 주장하고 설득하기 위해 대화를 하기도 하지만, 그 역시 감정의 공유 없이는 제대로 된 대화를 나눌 수 없다. 감정을 공유하는 좋은 방법은 상대의 말을 이어받아 똑같이 표현하는 것이다. 그러면 공감대가 생기고 상대에게 지지받는다는 느낌을 주어 감사와 감동의 순간을 만들어낼 수 있다.

상대의 말을 따라 할 때는 어조와 속도를 맞추는 것이 중요하다. 상대가 큰 목소리로 빠르게 말하면 나도 크고 빠르게 말하고, 작은 목소리로 천천히 말하면 나도 작게 천천히 말하면서 보조를 맞춘다. 또한 상대가 팔짱을 끼고 있으면 나도 끼고, 앞으로 몸을 숙이면 나도 같이 숙인다. 이와 같이 따라 하면 상대가 동질감을 느끼게 되어 대화를 순조롭게 이끌어갈 수 있다.

또 하나 알아둘 것은 상대의 말 중에서 핵심어를 찾아 되풀이하는 방법이다. "오늘은 기분이 안 좋아"라고 말하면 "그러게. 기분이 안 좋아 보여. 무슨 일 있어?"라고 되풀이해서 말을 받아준다. 상대에게 말이 통한다는 느낌을 주어 대화를 부드럽게 이어갈 수 있다. "팔자 좋은 소리 하고 있네. 상황이 심각한데 무슨 기분 타령이야"라는 식으로 찬물을 끼얹는 말을 한다면 소통은 물 건너가고 불통만 남게 된다.

부부 사이의 진정한 소통을 원한다면 먼저 배우자에게 '내 편'이 되어주어야 한다. 그 지름길은 배우자의 말을 따라 해주는 것이다. 배우자에게 신뢰감과 안정감을 줄 뿐만 아니라 강한 연대감과 공감대 위에서 나누는 원만한 대화의 기쁨을 공유할 수 있을 것이다.

5

혹시 당신은 카페모카형?

서로를 통하게 만드는
맞춤 대화법

'1+1=2'라는 수학의 정답처럼 우리의 대화에도 정답이 있다면 얼마나 좋을까?

그러나 아쉽게도 대화에는 정답이 없다. 정답을 찾는 대신 서로의 다름을 인정하고 상대의 유형을 제대로 파악해야 좋은 대화를 이끌어갈 수 있다. '지피지기 백전백승(知彼知己 百戰百勝)'이라고 했듯이, 지피지기면 당신도 대화의 고수가 될 수 있다.

소통에도 궁합이 있다

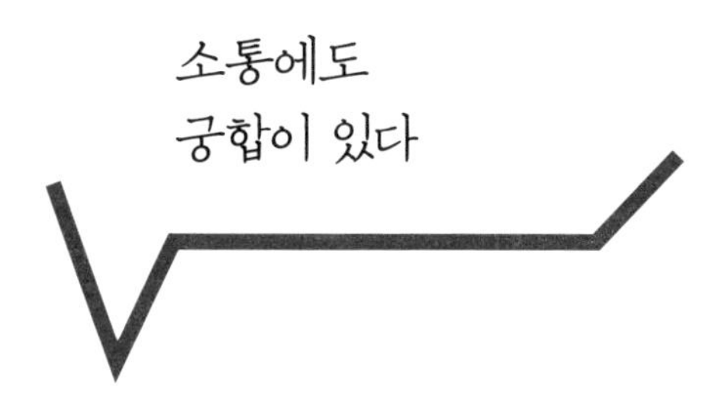

바야흐로 '단짠'의 시대다. "'단짠단짠(달고, 짜고, 달고, 짜고)'을 반복해서 먹으면 하루 종일 먹을수도 있다"는 어느 아이돌 가수의 말처럼, 단맛과 짠맛으로 이루어진 마성의 음식 궁합이 최고의 트렌드로 사람들을 사로잡고 있다. 단짠의 매력에 빠진 사람들은 먹방 프로그램에서 '단짠 음식'을 보며 군침을 흘리고, 대형 마트에서는 '단짠 제품'이 불티나게 팔린다. 패스트푸드점에서는 감자튀김을 아이스크림에 찍어 먹는 사람들도 종종 볼 수 있다.

'단짠느매'의 법칙까지 생겨났다. 단 걸 먹으면 짠 게 당기고, 느끼한 걸 먹으면 매운 게 당긴다는 말이다. 달달한 도넛을 먹으면 짭짤한 팝콘이 생각나고, 느끼한 피자를 먹으면 매콤한 부대찌개가 당긴다.

이때 당기는 음식을 먹어주면 더 많이 먹게 되고, 우리의 만족감은 배가된다. 부족한 맛과 영양을 채워주고 보완해주기 때문이다. 이와 같이 궁합에 맞추어 음식을 섭취하면 더 만족스럽고 풍요로운 식생활을 향유할 수 있다. 물론 이런 음식들이 건강에 좋으냐 나쁘냐는 별개의 문제이지만.

음식에 궁합이 있는 것처럼, 대화에도 궁합이 있다. 궁합이 맞는 음식이 먹는 즐거움을 더해주듯, 대화에서도 궁합이 맞는 상대라야 즐겁고 유익한 소통을 할 수 있다. 똑같은 소재를 가지고 이야기해도 상대가 누구인가에 따라 대화 내용과 수준이 확연히 달라진다.

/

얼마 전 미모의 강사분과 차를 한잔한 적이 있다. 환한 미소와 유쾌한 말솜씨가 매력적인 분이다. 즐겁게 환담을 나누다가 우연히 그분의 친정 이야기를 듣게 되었다. 남자들에 관한 이야기였다. 친정 식구들 중에 남자가 아버지와 동생, 맏사위, 둘째사위 이렇게 네 명이 있는데, 하나같이 개성이 뚜렷하고 스타일이 다르단다. 모두가 모이는 날, 친정 엄마가 한껏 요리 솜씨를 발휘하여 상다리가 부러져라 음식을 차리면 맛을 본 남자들의 반응이 4인 4색이란다.

아버지 : 언제 먹어도 우리 아내 음식이 최고야! 정말 맛있어! (이런 분이 계시다니, 놀랍다)

아들 : 엄마, 오늘 나물은 간이 딱 맞는데, 찌개가 좀 짜네. (감별사
처럼 정확한 평가)

맏사위 : 어머님, 다른 날보다 오늘은 좀 맛이 별로인데요? 아버님
생신 때 먹었던 찌개가 더 맛있었어요. (간 큰 남자)

둘째사위 : 허허허, 맛있어요. (늘 같은 표현)

똑같은 음식을 먹고도 네 남자의 반응은 제각각이다. 가장 놀라운 건 역시 맏사위의 반응이다. 음식 맛에 대한 피드백이 솔직하다 못해 직설적으로 느껴진다. 장인 장모를 어려워하거나 잘 보이려고 노력하는 사위들의 일반적인 모습과도 거리가 멀다.

처갓집에서도 할 말은 하고 산다는 이 간 큰 남자가 바로 강사분의 남편이란다. 처음에 결혼 허락을 받으러 처갓집을 방문한 날부터 지금까지 초지일관 같은 태도란다. 그런데도 친정 부모님이 선뜻 결혼을 허락하신 걸 보면 아무래도 거부할 수 없는 또 다른 매력이 있는 모양이다.

어쨌거나 친정 엄마가 제일 좋아한 반응은 어느 쪽이었을까? 당신이라면 어떤 반응을 가장 좋아할 것 같은가? 나라면 당연히 아버지의 반응에 엄지를 치켜들었을 것이다. '칭찬을 먹고 사는 여자'라 해도 과언이 아닐 정도로 나는 칭찬을 좋아하는 사람이기 때문이다.

'모든 여자가 나와 같은 생각이겠지' 했는데, 아뿔싸! 강사분의 어

머님은 만사위의 반응을 제일 좋아하신다고 한다. 완전 반전이다. 어떻게 그럴 수 있지? 만일 내가 정성껏 차린 밥상에 누군가가 그런 반응을 보였다면 대번 고까운 마음이 들었을 것이다. 그런데 어머님은 만사위의 의견을 가장 신뢰하고 적극적으로 반영하신다고 한다.

모르긴 몰라도 사람마다 각기 다른 선택을 할 것이다. 나처럼 칭찬해주는 반응을 좋아하는 사람도 있을 것이고, 문제점을 정확하게 지적하고 직실적으로 말해주는 것을 좋아하는 사람도 있을 것이다. 이렇게 사람들의 성향과 취향은 제각각이다.

미국의 심리학자 윌리엄 M. 마스톤은 특정한 행동에 반응하고, 일정한 태도를 취하는 인간의 행동 유형을 DISC 4가지로 분류했다. DISC는 주도형(Dominance) · 사교형(Influence) · 안정형(Steadiness) · 신중형(Conscientiousness)의 앞 글자를 딴 것으로, 지금도 다양한 분야에서 활용되고 있다. 물론 지구상의 모든 사람을 이 DISC 행동 유형으로 분류할 수는 없을 것이다. 하지만 일상에서 매일같이 만나는 주변 사람들의 행동 패턴만이라도 이해하고 서로의 차이를 인정할 수 있다면 쉽지 않은 인간관계가 좀 더 원만해지고 갈등과 반목으로 병들어가는 우리 사회가 한결 성숙해지지 않을까?

DISC 행동 유형을 대화에 적용하면 서로의 궁합에 맞는 대화를 할 수 있다. 상대의 취향과 행동 유형에 따른 맞춤형 대화로 좋은 커뮤니케이션이 가능해지기 때문이다.

“언제 먹어도 우리 아내 음식이 최고야!”라는 아버지의 대답은 나 같은 유형에게는 환호를 받을지 몰라도 앞에서 예로 든 어머니의 유형과는 어울리지 않는다. 이 어머니는 남편의 칭찬을 ‘실없는 소리’로 일축하면서도 맏사위의 의견에는 귀를 기울이는 모습을 보인다. 당황스러울 정도로 솔직한 맏사위의 반응이 어머니의 유형에 잘 맞았기 때문이다.

상대의 DISC 행동 유형을 알아보려면 28개 문항으로 구성된 DISC 검사를 해야 한다. 그러나 만나는 사람마다 그럴 수는 없는 노릇이다. 일상생활에서 만나는 사람들의 행동 유형을 손쉽게 파악할 수 있는 방법은 없을까?

나는 어떤 유형일까?

우리나라 사람들이 물 다음으로 많이 마신다는 커피. 많은 사랑을 받는 커피로 스피치 유형을 어렵지 않게 알아볼 수 있다. 바로 에스프레소형, 카페모카형, 아메리카노형, 카페라테형이다. 이 역시 DISC 행동 유형을 활용한 방법으로, 사람들이 좋아하는 커피에 비유하여 대표적인 대화 유형을 설명한 것이다. 4가지 커피에서 느껴지는 맛과 향을 잘 떠올리면서 각 대화 유형의 특징을 파악하면 좀 더 쉽게 이해할 수 있을 것이다.

스피치 유형 알아보기

1. a, b, c, d 중에서 나 또는 상대방의 특징이라고 생각되는 표현을

체크한다.

2. 각각 체크한 알파벳의 숫자를 합산한다.

3. 합이 가장 많이 나온 알파벳이 나 또는 상대방의 유형이다.

	a	b	c	d
1	말이 빠르다	주변에서 밝다는 평을 많이 듣는다	차분한 성격이다	잘 웃는 편이다
2	솔직한 편이다	말을 잘한다	무표정한 편이다	나서는 것을 싫어한다
3	상대방이 답답하게 말하는 것을 못 참는 편이다	모임에 가면 내가 중심이 된다	분석적이다	잘 들어준다
4	말을 잘 끊어버린다	칭찬에 유독 약하다	논리가 분명하지 않으면 설득당하지 않는다	상담을 잘해준다
5	성격이 급하다	지적받는 걸 싫어한다	쉽게 화를 내지 않는다	나보다는 다른 사람을 먼저 생각하는 편이다
6	과정보다는 결과를 중요시하는 편이다	외향적이다	즉흥 스피치가 많이 두렵다	내 주장이 강하지 않다
7	말이 조금 퉁명스럽다	잘 웃는 편이다	완벽하지 않으면 불안하다	발표 불안이 있다
8	돌려 말하는 것을 싫어한다	사람을 만나면 먼저 말을 거는 편이다	말이 많지 않다	싫은 소리를 잘 못한다
9	너무 감정적인 사람은 부담스럽다	감정 표현을 잘한다	낯가림이 있다	개혁, 혁신보다는 안전이 제일이다
10	추진력이 좋다	말이 많다	다른 사람 말에 잘 현혹되지 않는다	귀가 얇다
합계				

a가 가장 많이 나온 사람 : 에스프레소형
b가 가장 많이 나온 사람 : 카페모카형
c가 가장 많이 나온 사람 : 아메리카노형
d가 가장 많이 나온사람 : 카페라테형

* 알파벳의 합이 똑같은 것이 있다? 물론 그럴 수 있다. 사람은 단순한 동물이 아니니까. 합이 똑같거나 비슷하게 나왔다면 두 유형의 특징을 조화롭게 활용하여 대처하면 된다.

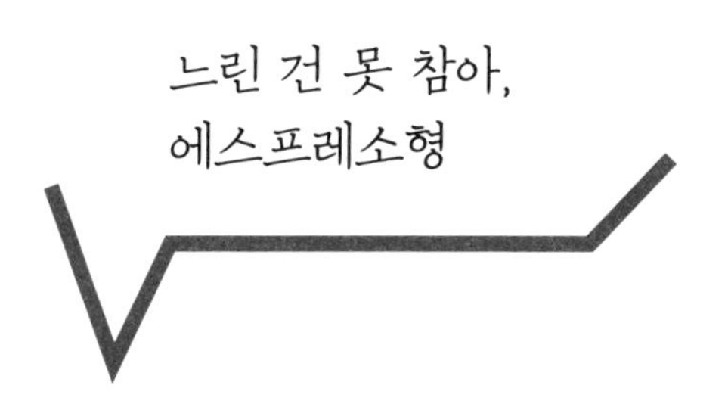

느린 건 못 참아, 에스프레소형

나는 사실 에스프레소는 공짜로 준다고 해도 못 마신다. 너무 진해서 그 쓴맛을 감당하지 못하기 때문이다. 에스프레소는 미세하게 분쇄한 커피 가루에 고압·고온의 물을 내려 추출한 고농축의 커피로, 20~30초면 추출이 가능해서 이탈리아어로 '에스프레소(빠르다)'라는 이름이 붙었다. 입안에서 느껴지는 묵직한 바디감과 진한 풍미가 애호가들을 사로잡는다.

에스프레소형의 특징

- 옳다고 생각되면 상대에게 쓴소리도 마다하지 않는다.
- 언행이 강하고, 직설적이다.

- 말이 빠르고, 성격이 급하다.
- 결론부터 말하는 것을 좋아하고, 과정 설명은 잘 하지 않는다.
- 버럭 화를 잘 내고, 말투가 퉁명스러운 사람이 많다.
- 감정을 숨기지 않고 솔직하게 말해서 상대를 당황스럽게 할 때가 있다.
- 돌려 말하는 것을 유독 싫어한다.

앞의 네 남자 중에서 만사위가 이 에스프레소형에 속한다고 볼 수 있다.

에스프레소형과는 이렇게 대화하라

에스프레소형과 대화할 때는 감정적 표현을 최대한 자제하는 것이 좋다. 에스프레소형은 감정 표현이 과하면 '가식적'이라고 생각하기 때문에 상대의 말을 신뢰하지 못한다. 또 과정에 대한 구구한 설명을 싫어하기 때문에 에스프레소형과 대화할 때는 결론부터 간명하게 이야기할 필요가 있다. 과정이나 원인에 대해서는 그가 궁금해할 때 최대한 짧고 일목요연하게 설명하면 된다.

에스프레소형은 지루하고 답답한 걸 참지 못한다. 그런 사람에게 일의 전말을 상세히 들려준답시고 상황에 대해 주저리주저리 늘어놓다가는 원활한 소통은커녕 불통이 될 가능성이 높다. 당신에게 집중하지 못할뿐더러 중간에 당신의 말을 제지할 수도 있다.

여기서 중요한 회의에 늦은 김 대리가 에스프레소형 이 과장과 나누는 대화를 들어보자.

"과장님, 정말 너무 죄송합니다! 제가 어제 분명히 알람을 맞춰놓고 잤는데, 이게 뭐가 잘못된 건지 알람이 울리지 않아서 늦잠을 자게 되었고, 그래서 빨리 준비를 한다고 했는데, 지하철이 도중에 멈춰 서는 바람에…."

이렇게 장황한 설명은 뿔이 난 이 과장에게 기름을 끼얹는 셈이 된다. 먼저 담백하고 정중하게 사과하는 것이 제일이다.

"과장님, 오늘 지각하게 돼서 죄송합니다."

그다음에 이 과장이 어쩌다 늦었느냐고 물으면 명확하게 상황을 설명하고 사과로 마무리한다.

"시계를 잘 못 맞추고 잔 데다 오는 길에 지하철까지 연착하는 바람에 지각하게 되었습니다. 다음에는 이런 실수 없도록 주의하겠습니다."

당신이 에스프레소형이라면 이렇게 대화하라

반면에 당신이 에스프레소형이라면 대화에 각별히 신경을 써야 한다.

첫째, 성격이 급해서 말을 빨리 하는 경향이 있다. 말이 빠르면 상대가 잘 알아듣지 못할 뿐 아니라 이해되지 않아도 다시 물어볼 기회를 놓쳐버린다. 아무리 논리적으로 대화를 했다 하더라도 상대가 알아듣지 못한다면 아무런 소용이 없다. 의식적으로 말의 속도를 조절하거나 간격을 두어 상대가 당신의 이야기를 정리할 수 있는 시간을 주어야 한다. 말하는 중간중간 질문을 던져 상대가 당신의 이야기를 정확히 이해했는지 점검할 필요도 있다.

둘째, 말투가 퉁명스러워 본의 아니게 오해를 사는 경우가 많다. 에스프레소형은 특히 억양에 신경을 많이 써야 한다. 강하고 거친 느낌을 주지 않도록 주의할 필요가 있다. 솔직하게 말하는 것도 좋지만, 상대의 입장을 배려하여 부드럽게 돌려 말하는 법을 익히도록 한다. 유능한 투수는 돌직구에만 의지하지 않고 커브, 슬라이더, 포크볼 등 다양한 구종으로 타자들을 상대한다.

결혼한 지 얼마 안 된 어리바리 동서와 에스프레소형 당신의 대화를 살펴보자. 형님인 당신이 동서에게 시어머니 환갑잔치를 어떻게 하려고 하는지 설명한다. 성질 급하고 매사에 똑 부러지는 당신은 자신이 해야 할 일과 동서가 해야 할 일을 나누고, 다음에 진행 상황을 점검하기로 한다. 동서는 알았다고 열심히 고개를 주억거리며 당장이라도 해낼 것 같은 표정을 지어 보인다. 그런데 며칠 후, 얼마만큼 준비했는지 확인해보니 해놓은 일이 없다. 순간 당신은 화가 치민다. 분명히 알겠다면서 당장 실행할 것처럼 보였는데…. 좀처럼 이해할 수가 없다.

'모르면 물어보기라도 하든가!'

하지만 문제는 에스프레소형인 당신에게 있는 것인지도 모른다. 말이 너무 빠르지 않았는지, 상대가 제대로 이해했는지 확인하지 않고 "알았지?" 하며 다그치기만 한 것은 아니었는지, 명령하는 말투여서 상대를 불안하게 만들지는 않았는지, 그런 분위기 때문에 다시 설명해달라는 요청을 할 수 없게 만든 것은 아닌지 스스로 자문해보아야 한다.

사실 손아래 동서 입장에서 "저, 형님. 이 부분은 이해가 되지 않아요. 다시 한 번 설명해주세요"라고 요청하기란 생각처럼 쉬운 일이 아니다. 말이 빨라서 혹은 너무 결론적으로만 말해서 이해되지 않는 부분이 있더라도 공격적으로 말하는 형님 앞에서 혹여 말귀를 잘 알아듣지 못하는 사람처럼 보이지 않을까 염려되어 다시 물어보지 못했을 수 있다. 조금 더 천천히, 더 친절하게 이야기해주자.

달달해서 좋아, 카페모카형

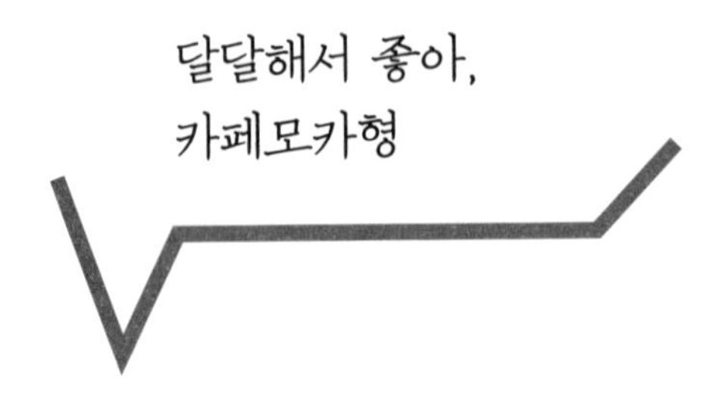

이탈리아어로 '커피와 초콜릿'이라는 뜻을 가진 카페모카는 에스프레소에 우유와 초콜릿을 넣은 부드럽고 달콤한 커피다. 요즘엔 휘핑크림을 올려 달달하게 마시기도 하지만, 정통 카페모카는 우유 거품과 에스프레소, 초콜릿의 조화를 통해 부드러운 맛을 살린 것이다. 커피와 초콜릿의 적절한 밸런스로 서로의 맛을 상승시키는 카페모카처럼, 카페모카형은 대단히 친화력이 좋아서 사람들과 잘 어울린다.

카페모카형의 특징

- 사람을 좋아해서 사교성이 좋다.
- 어떤 모임에 가도 사람들과 소통을 잘해서 그 모임의 중심이 된다.

- 감정 표현이 풍부하다.
- 표정이 다양하다.
- 듣기보다 말하는 걸 좋아하는 편이다.
- 칭찬에 무척 약해서 작은 칭찬 한마디에도 크게 힘을 얻는다.
- 단점을 지적받는 것을 싫어한다.
- 상대방의 거절을 무서워한다.

4명의 남자 중에서는 아버지가 이 유형에 속한다고 볼 수 있다.

카페모카형과는 이렇게 대화하라

카페모카형과 대화할 때는 딱 2가지만 명심하면 된다. 바로 '칭찬'과 '감정 표현'이다. 카페모카형은 다른 어떤 사람보다 칭찬에 약하다. 멀리 갈 것도 없이 내가 바로 전형적인 카페모카 유형이다. 강의할 때 청중의 호응이 유달리 좋고 누군가가 나의 장점을 추켜세우는 칭찬 한마디만 해주면 그날 강의는 '작두를 탄다.' (강사들은 강의가 무척 잘되었을 때 '작두 탄다'는 은유적 표현을 사용한다)

카페모카형과 빨리 친해지려면 칭찬화법만 잘 구사하면 된다. 거기에 적절한 감정 표현이 더해지면 금상첨화다. 과하지 않은 칭찬으로 호감을 표시하고 자연스러우면서 섬세한 감정 표현으로 진심을 보여주면 상대방은 마음의 문을 활짝 열고 금방 당신의 편이 될 것이다.

단, 주의할 점이 있다. 카페모카형은 단점을 지적받는 것에 대단히 예민하게 반응한다. 10가지를 칭찬하고 1가지 단점을 말해도 카페모카형은 그 하나를 마음속에 담아두고 당신을 볼 때마다 그것을 생각해낼 것이다. 어쩔 수 없이 카페모카형의 단점을 거론해야 할 경우에는 특히 이 점을 고려할 필요가 있다. 지적이 아닌 조언의 방식으로 말하고, 직접적인 표현보다 우회적이고 간접적인 표현을 쓰는 것이 훨씬 효과적이다.

카페모카형 남편과 사는 그녀의 이야기를 들어보자. 입사 동기인 남편과 그녀는 몇 년간의 열렬한 연애 끝에 결혼에 골인한 사내 커플이다. 그런데 남편이 연달아 승진에서 밀리는 바람에 스트레스가 이만저만이 아니다. 그는 승진에서 미끄러진 원인이 '프레젠테이션' 때문이라고 생각한다. 자, 그녀의 조언이 필요한 순간이다. 어떻게 해야 남편의 마음을 다치지 않고 효과적으로 자신의 생각을 전달할 것인가?

그녀는 칭찬과 조언을 병행하기로 한다.

"당신은 프레젠테이션을 할 때 전체 구성이나 PPT 작성은 잘하는데, 그것을 말로 풀어내는 면이 좀 약한 것 같아. 스피치 좀 배워봐."

분명히 프레젠테이션 구성과 PPT 작성은 잘한다고 칭찬했다. 하지만 카페모카형인 남편은 '스피치를 못한다'는 말 때문에 조언이 아닌 지적이라고 받아들이기 쉽다. 기분이 상한 남편으로부터 돌아오는 대답은 아마 "너나 잘해!"일 것이다. 괜히 훈수 두다가 봉변당하기 십상이다.

카페모카형에게 조언할 때는 상대의 기분이 상하지 않도록 좀 더 우회적이고 간접적인 표현을 쓰는 것이 좋다. 또한 같은 내용이라도 감정 표현을 충실하게 해줘야 한다. 미안하면 말로만 미안하다고만 할 게 아니라 조금 과하다 싶을 정도로 감정을 섞어서, 얼굴 표정과 목소리, 제스처에까지 최대한 미안한 마음을 담아내야 한다. 특히 리액션이 필요할 때 조금 더 적극적으로 해주면 카페모카형은 당신에게 호감을 가질 수 있다.

그녀의 대사를 이렇게 바꿔보자.

"요즘 김 대리의 프레젠테이션이 좋아지지 않았어? 나도 몰랐는데, 스피치를 배우러 다닌대. 그래서 그런지 프레젠테이션할 때 전보다 자연스럽고 설득력이 있어 보이더라고. 당신도 한번 배워보면 굉장히 도움이 될 것 같은데. 구성이나 PPT 작성은 워낙 잘하니까 스피치까지 배우면 당신은 완전 '프레젠테이션의 신'이 될 거야."

칭찬을 좋아하는 카페모카형 남편은 그녀의 말을 지적이 아닌 조언으로 받아들이고 긍정적으로 검토하게 되고, 머잖아 스피치학원을 알아볼 것이다.

당신이 카페모카형이라면 이렇게 대화하라

카페모카형인 당신은 워낙 말솜씨가 좋아 어떤 모임에서든 중심에

서게 되는 경우가 많다. 그러다 보니 때로는 다른 사람들의 이야기를 듣기보다 자기 말만 너무 많이 하게 되기도 한다. 카페모카형인 나 역시 마찬가지다. 왁자지껄한 모임이 끝나고 사람들과 헤어져 홀로 돌아오는 밤이면 왠지 찜찜해질 때가 있다.

'너무 내 이야기만 하고 왔나?'

'내가 그 얘긴 왜 했지?'

이런 생각들로 발걸음이 무겁게 느껴진다. 그 이유는 무엇일까?

답은 당신도, 나도 알고 있다. 충분한 교감을 이루지 못했기 때문이다. 상대방의 말을 듣고 그가 좋아하는 말을 나누지 못했기 때문이다. 진짜 말을 잘하는 사람은 말을 많이 하는 사람이 아니라 상대방이 듣고 싶어 하는 이야기를 하는 사람이다.

상대방이 듣고 싶어 하는 이야기를 하려면 어떻게 해야 할까? 무엇보다 상대방의 이야기에 귀를 기울여야 한다. 대화에서 '경청'이 중요하다고 하는 것도 바로 이 때문이다. 경청을 통해 상대방을 이해하고 그의 입장이 되어 역지사지할 수 있는 마음의 근육이 만들어진다. 물론 하고 싶은 말을 참는다는 게 쉬운 일은 아니다. 말하기를 좋아하는 카페모카형에게는 더더욱 그렇다. 인디언 속담에 '그의 입장이 되기 위해서는 그의 신발을 일주일 동안 신어보아야 한다'는 말이 있다. 한 사람을 이해한다는 것이 그만큼 어렵고 인내심이 필요하다는 뜻이다. 지금까지 당신이 7을 이야기하고 3을 들었다면, 이제부터는 상대방

의 말 7을 듣고, 나의 말 3을 이야기하는 습관을 길러야 한다.

어느 주말, 하나밖에 없는 남동생이 강의실 근처로 놀러 왔다. 약속도 없고 주말에 집에서 빈둥거리느니 점심 한 끼 때우자는 생각으로 나온 것이었겠지만, 어찌 되었건 나의 동선에 맞춰준 동생이 고마웠다.

한창 밥을 먹고 있는데 동생이 싱긋이 웃으며 이런 말을 했다.

"누나, 지금 누나만 계속 이야기하고 있는 거 알아?"

그러고 보니 동생도 카페모카형이라 평소에 둘이 만나면 서로 경쟁하듯 이야기를 주고받곤 했다. 그런데 그날은 달랐다. 동생은 내 이야기를 열심히 들어주었고, 잘 들어주니 나도 신이 나서 더 이야기를 했던 것 같다.

동생은 얼마 전 회사 거래처 사람과 미팅을 하면서 신기한 경험을 했다고 털어놓았다. 그의 이야기를 줄곧 들어주었고, 그가 궁금해하는 부분에 대해서만 간략하게 설명을 했다고 한다. 미팅이 끝나고 나서 그가 동생에게 이렇게 말했단다.

"진짜 말씀을 잘하시네요!"

동생은 그날 평소보다 말을 많이 하지 않고 듣기만 했을 뿐인데, 상대방은 오히려 말 잘한다며 칭찬을 하니 실로 아이러니한 상황이었다는 것이다.

그 이야기를 듣고 나는 한 방 제대로 맞은 기분이었다. 나의 단점을 들킨 느낌이었다고 할까? 그렇다. 말 잘하는 사람이란 상대방의 이야기를 잘 듣고 그가 듣고 싶어 하는 말을 간결하게 들려주는 사람이다. 카페모카형은 이런 경청의 중요성을 놓치기 쉬운 유형이다. 당신이 나처럼 말하기 좋아하는 카페모카형이라면 이 점을 잊지 말아야 한다.

카페모카형이 자신의 단점을 보완하는 방법은 간단하다.

첫째, 리액션(맞장구)에 집중한다. 상대방의 말을 끝까지 듣고 나서 거기에 무슨 말을 덧붙이지 말고 리액션을 통해 그가 이야기를 마무리할 수 있도록 해야 한다. 카페모카형은 상대방이 어떤 이야기를 할 때 그 내용과 관련된 자기만의 소재를 끊임없이 찾아내 전하려 한다. 그러다 보니 경청하기 어렵고 결국 자기 말만 하게 되는 상황이 반복된다. 간단한 리액션만으로 이야기를 끝낼 수 있는 마음의 여유를 가지면 경청도 훨씬 쉬워진다(리액션 방법은 175쪽 참조).

둘째, 질문을 던진다. 카페모카형은 어색한 분위기를 유독 싫어하기 때문에 분위기 전환을 위해 더 많은 말을 뱉어내곤 한다. 어색하다고 해서 자신의 이야기를 주저리주저리 늘어놓지 말고 상대방이 이야기를 풀어낼 수 있게 질문을 해야 한다.

질문에도 방법이 있는데, 닫힌 질문이 아닌 열린 질문을 하는 게 좋다. 닫힌 질문은 단답형으로 "예" 또는 "아니오"로 답할 수 있는 질문이고, 열린 질문은 자신의 생각을 자유롭게 표현할 수 있게 하는 질문을 말한다.

"영화 좋아해?"

"응."

"로맨틱 코미디 좋아해?"

"아니, 그건 좀 유치해서."

이런 닫힌 질문에는 상대방이 충분한 이야기를 하기 어렵다.

"요즘 좋은 영화 많이 나왔던데, 어떤 영화를 좋아해?"

이것이 열린 질문이다. 그러면 상대방이 자신은 어떤 장르를 좋아하며, 그래서 요즘 나온 영화들 중에서 어떤 영화가 보고 싶다는 식으로 다양한 이야기를 할 수 있다.

아이와의 대화에서도 "오늘 유치원에서 재밌게 놀았어?"라고 물으면 아이는 반사적으로 "응, 재미있었어"라고 하거나 "아니, 별로 재미없었어"라는 식으로 짧게 대답한다. 자연 대화가 끊기고 엄마의 말이 길어지게 된다. "오늘 유치원에서 무엇이 제일 재미있었어?"라고 물어야 아이는 가장 재미있었던 일을 찾아 생각의 나래를 펴게 되고 보다 많은 이야기를 들려주게 된다.

'많이 듣고, 말하는 시간을 줄여라.'

전보다 훨씬 좋은 대화를 할 수 있을 것이다.

'완벽하게' 예의를 갖추어, 아메리카노형

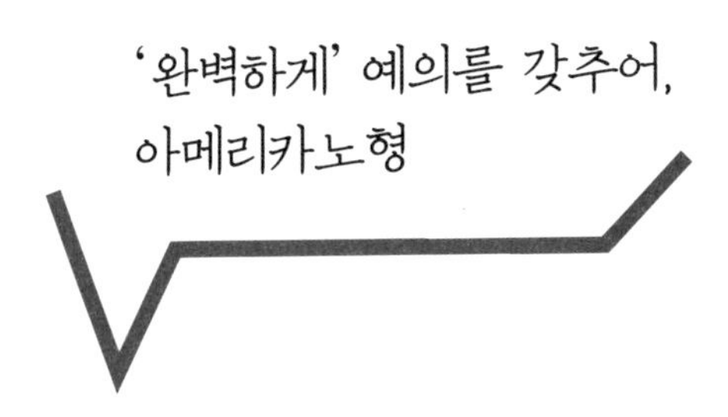

아메리카노는 에스프레소에 뜨거운 물을 넣어 연하게 마시는 커피다. 연한 커피를 즐기는 미국에서 시작되었다고 해서 '아메리카노'라는 이름이 붙었다. 물을 넣어 희석시켰다고 해서 커피 맛이 흐려지는 것은 아니다. 오히려 뜨거운 물이 커피 본연의 맛을 더욱 부드럽게 살려준다.

커피 본연의 맛을 즐기는 사람들이 아메리카노를 선호하는 것처럼, 아메리카노형은 군더더기 없이 담백한 대화를 보여준다. 감정 표현이 많지 않고, 논리적인 면이 부각되기 때문에 자칫 건조해 보일 수도 있다.

아메리카노형의 특징

- 논리적이고, 명쾌한 걸 좋아한다.
- 수치나 통계에 예민하고, 정확한 수치와 통계가 있어야 그 내용을 신뢰한다.
- 상대의 말을 잘 듣는 유형이지만, 논리를 따지며 듣기 때문에 무표정한 사람이 많다.
- 말이 단조로워 리듬감이 없고, 대화가 다소 딱딱하다.
- 완벽주의 성향이 강하다.
- 자기소개, 축사, 건배사 등 즉흥 스피치를 어려워한다.

4명의 남자 중에서 아들이 아메리카노형에 속한다.

아메리카노형과는 이렇게 대화하라

아메리카노형과 대화할 때는 최대한 예의를 지키고, 수치와 통계를 정확하게 제시해주는 것이 핵심 포인트다. 설득을 위한 대화를 할 때도 논리를 뒷받침할 근거 자료를 철저히 준비하고, 출처를 정확하게 밝히는 등 다른 유형과 대화할 때보다 노력을 배가해야 한다.

일상에서 아메리카노 유형과의 대화는 어떻게 풀어나가는 게 좋을까? 아메리카노형 친구와 약속을 했는데 늦게 되었을 경우를 생각해보자. 이럴 때 대개는 전화를 걸어 이렇게 말한다.

"되도록 빨리 갈게. 미안해."

그런데 친구의 반응은 영 신통치 않다. 늦게 된 상황을 말하고 사과까지 했는데도 말이다. 이유가 뭘까? 친구 입장에서는 '되도록 빨리'란 말이 대체 몇 시를 뜻하는지 알 수 없어 갑갑증이 나고, 막연히 기다려야 하는 상황이 짜증나기 때문이다. 빨리 오겠다는 말을 신뢰할 수 없고, 약속한 자신이 후회스럽기까지 하다.

아메리카노형 친구가 기다리고 있을 때는 이렇게 이야기해보자.

"10분 안으로 도착할 거야. 미안해."

도착 시간을 알려주면 정확한 걸 좋아하는 아메리카노형도 '10분' 정도는 유쾌하게 기다려준다.

여기서 유의할 점은 그 시간만큼은 꼭 지켜주어야 한다는 것이다. 그렇지 않으면 조금 전 이해해 준 10분의 지각에 더해져 친구의 분노 게이지가 크게 상승할 수 있다.

아메리카노형과의 약속은 반드시 지키는 것이 좋다. 여의치 못한 상황이라면 사전에 미리 연락하여 상황을 알려주고 양해를 구해야 한다. 그때 역시 정확한 시간을 말해주어야 함은 물론이다.

당신이 아메리카노형이라면 이렇게 대화하라

정확한 걸 좋아하고 완벽주의적인 성향이 강한 당신! 아메리카노형인 당신이 대화를 하기 전에 버려야 할 2가지가 있다.

'완벽해야 한다.'

'틀리면 안 된다.'

일종의 강박관념이다. 이것이 발표 불안을 만들고 당신의 대화 능력을 떨어뜨린다.

사회생활을 하다 보면 자기소개나 축사, 건배사 같은 즉흥 스피치를 해야 할 때가 있다. 즉흥 스피치는 말 그대로 즉석에서 가볍게 한마디 하는 것으로, 스피치 능력을 평가받는 자리가 아니다. 그러나 뭐든 완벽해야 직성이 풀리는 아메리카노형은 이 가벼운 요청도 무겁게 받아들인다. 상황 자체를 즐기지 못하고 무슨 이야기를 해야 멋있고 인상적일지 그 생각에만 골몰한다.

모든 스피치를 멋있고, 완벽하게, 색다르게 해야 한다는 강박관념에서 벗어나야 한다. 즉흥 스피치를 할 때도 그렇다. 누구도 당신에게서 대단한 것을 기대하지 않는다. 어떤 말을 해도 좋다. 힘을 빼고 편안하게 그때의 상황을 받아들여 즐기다 보면 훨씬 더 좋은 소통을 할 수 있다.

아메리카노형인 당신이 신경 써야 할 것이 또 한 가지 있다. 바로 표정이다. 표정이 딱딱하면 곧바로 말소리에 영향을 미친다. 당장 실험해봐도 확인할 수 있다. 거울 앞에 서서 아무 표정 없이 "안녕하세요" 하고 말해보라. 이어서 활짝 웃으면서 "안녕하세요" 하고 말해보

라. 어떤가? 어조의 차이가 확연히 느껴지지 않는가? 딱딱함과 부드러움. 목소리가 딱딱하면 그 사람의 이미지도 까칠하고 건조해 보이지만, 부드러우면 환하고 친근한 이미지가 배어 나온다.

대화는 다른 사람에게 호감을 주는 것에서부터 시작된다. 표정에 조금만 더 신경 써서 대화를 해보라. 타인과의 소통이 훨씬 유연해진다는 사실을 깨닫게 될 것이다.

너는 어떻게 생각해?, 카페라테형

카페라테는 에스프레소에 데운 우유를 섞은 커피로, 맛이 부드러워서 아침에 마셔도 부담이 없다. 개인의 취향에 따라 설탕이나 시럽 등을 넣어서 다양한 맛을 즐길 수 있다. '라테(latte)'는 우유를 뜻하는 이탈리아어로, 카페라테가 가장 대중적인 아이템이지만, 최근에는 녹차라테 · 고구마라테 · 딸기라테 등 우유의 은은하고 부드러운 맛을 활용한 제품들도 큰 인기를 끌고 있다.

너무 달지도 쓰지도 않은 카페라테의 맛에서 느껴지듯, 카페라테형은 지나치게 튀거나 모나지 않은 무난한 유형이다. 우리나라 사람들 중에 이 유형이 꽤 많은 편이다. 내가 만난 사람들도 대부분 카페라테형이었다. 대화할 때 제일 마음이 편하고 위로를 받았던 유형이다. 별 다른 조언을 해주는 것도 아니다. 온화한 표정으로 공감해주고 경청해주는 것만으로 마음이 열리고 솔직하게 말하고 싶은 기분이 들게 한다.

카페라테형의 특징

- 다른 사람의 이야기를 잘 들어준다. 그래서 주변에서 상담을 요청하는 사람이 많다.
- 이야기를 들을 때 공감의 표현을 잘 해준다.
- 표정이 온화하다.
- 자기주장을 내세우기보다 다수의 의견에 따르는 편이다.
- 대화를 할 때 다소 자기주관이 없어 보일 수 있다.
- 화를 잘 내지 않는다.

앞의 네 남자 중에서는 둘째사위가 이 유형에 속한다고 볼 수 있다.

카페라테형과는 이렇게 대화하라

카페라테형을 설득해야 할 경우에는 그 사람 주변의 에스프레소형이나 카페모카형을 공략하라. 그러면 카페라테형도 자연스럽게 설득이 된다.

얼마 전 동창 모임에서 피부과 상담 실장을 하는 친구를 만난 적이 있다. 무슨 이야기를 하다가 카페라테형에 대해 언급하게 되었다. 그러자 그 친구가 박장대소하며 자신의 영업 노하우를 털어놓기 시작했다.

어느 날 피부과에 여자 손님 둘이 상담을 받으러 왔다. 피부 치료를 받아야 하는 여자 A와 그녀를 따라온 친구 B. 상담 실장인 내 친구는 두 손님을 상대로 한동안 이런저런 이야기를 나누었다. 그러다가 어느 순간 과감하게 친구 B를 공략하여 A의 지갑을 열게 만들 수 있었다. 어떻게 했던 것일까?

탐색전을 통해 두 손님의 성향을 파악해보니 A는 전형적인 카페라테형, 친구 B는 카페모카형에 가까웠다. 일반적으로 피부과의 상담 실장들은 피부시술을 위해 찾아온 카페라테형 환자에게 설득의 논리를 총동원하여 설명한다. 그러면 환자는 온화한 미소와 함께 연신 고개를 끄덕이며 당장이라도 시술을 받을 것처럼 리액션을 취한다. 그러다가 마지막 순간 '어떤 거 같아?'라는 눈빛을 보내며 같이 온 친구의 반응을 살핀다. 이때의 친구 반응이 절대적이다.

"조금 더 고민해봐."

이 한마디에 환자는 결심을 굳힌다. 설사 90% 이상 설득된 상태라도 다음을 기약하고 그냥 가버리는 것이다. 이럴 때는 따라온 친구를 먼저 내 편으로 만들고 나서 그다음에 카페라테형을 설득해야 한다. 바로 이것이 내 친구의 영업 전략이었다.

내 친구는 칭찬화법으로 카페모카형의 호감을 얻어낸 뒤 카페라테형과 상담을 하면서 계속 카페모카형의 호응을 이끌어낸다. 그러면 마지막 결정의 순간에 카페라테형이 '어떻게 할까?'라는 눈빛을 보냈을 때 카페모카형이 별 망설임 없이 입을 연다.

"해봐. 예쁠 것 같아. 여기가 잘하는 것 같아."

카페모카 친구의 이 한마디면 상황은 종료다. 카페라테형은 다수의 의견을 잘 받아들이는 유형이기 때문에 더 이상 고민하지 않고 결정을 내린다.

당신이 카페라테형이라면 이렇게 대화하라

당신이 카페라테형이라면 뭐든지 나서서 해보는 적극성이 필요하다. 사실 카페라테형 중에는 누가 멍석을 깔아주면 말을 잘하는 사람이 의외로 많다. 다만 나서는 것을 별로 좋아하지 않는 성격이라 사람들 앞에서 말할 기회가 많지 않고, 말하기보다 듣는 스타일이라 경험 부족에서 오는 긴장감으로 대중 앞에서 말할 때 망치게 되는 경우가 많을 뿐이다.

말도 경험이다. 특히 대중 앞에서 해야 하는 스피치는 경험이 굉장히 중요하다. 조금 불편하고 부담스럽겠지만, 사람들 앞에서 발표할 기회가 있으면 적극적으로 나서서 말하는 연습을 해보자. 그러면 기본적인 스킬은 갖고 있으므로 웬만한 사람보다 더 말을 잘할 수 있다.

나서기를 싫어했던 남동생은 초등학교, 중학교, 고등학교를 다니면서 반장이나 부반장은 물론이고 누구나 한 번쯤은 해보는 학급 부장조차 맡아본 적이 없다. 공부를 못하는 것도, 친구들과의 사이가 좋지 않은 것도 아니었는데, 유독 그런 역할을 싫어했다. 나중에 안 사실은, 직책을 맡게 되면 선생님들이 발표도 많이 시키고, 나서서 무엇인가 진행해야 할 일이 많아서 싫었다는 것이다. 한마디로 발표 불안이 심했던 것이다.

그런 남동생이 대학교에 들어가 과대표를 맡았다. 더 놀라운 사실은 전과를 한 지 얼마 안 된 상황에서 과대표를 맡은 것이었다. 발표 불안이 심했던 남동생은 대학생활에서 필수인 조별 활동과 프레젠테이션을 할 때마다 긴장감 때문에 힘들어했다. 그래서 생각한 것이 앞에 나서야 할 일이 많은 과대표를 해보면 자신의 단점을 보완할 수 있지 않을까 하는 것이었다.

과대표가 되고 나서 생각보다 훨씬 많은 진행과 발표를 맡게 되자 남동생은 그만두고 싶을 정도의 긴장감을 느꼈다. 그런데 한 번이 두 번이 되고 두 번이 세 번이 되다 보니 긴장감이 많이 줄었고, 사람들 앞에서 이야기하는 것이 점점 힘들지 않게 되었다. 나중에는 사람들이 자신에게 집중하고 긍정적으로 리액션하는 모습을 보면서 오히려 사람들 앞에서 말하는 것이 재미있어졌다고 한다.

개그맨 김준호 씨가 어느 TV 프로그램에서 이런 말을 한 적이 있다.

"설레면 이기고, 긴장하면 진다."

카페라테형에게 딱 맞는 말이다. 긴장을 설렘으로 바꿀 수만 있다면 카페라테형은 어느 누구보다 말을 잘하는 사람이 될 수 있다. 어떻게 하면 긴장이 설렘이 될 수 있을까? 작은 경험들을 쌓아가면서 조금씩 스스로를 즐길 수 있게 해야 한다. 누가 시켜서 억지로 하는 것이 아니라 스스로 사람들 앞에 나설 기회를 만들어야 한다. 이것이 말 잘하는 사람이 되는 첫걸음이다.

6

이번엔 꼭 가고 싶어

유형에 맞는
실전 대화법

이제 각 스피치 유형의 특징에 대해 어느 정도 이해되었을 것이다. 그러면 실제 대화에서 어떻게 적용하면 되는지 몇 가지 예시를 통해 알아보자.

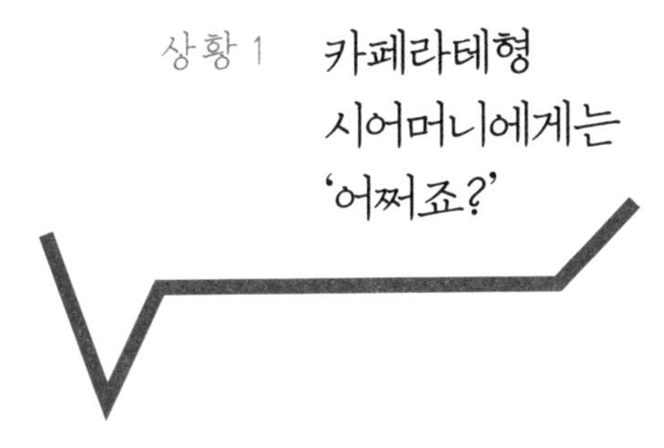

상황 1 카페라테형 시어머니에게는 '어쩌죠?'

명절을 앞두고 있는데 며느리가 회사 일로 내려가지 못하는 상황이다. 어떻게 하면 시어머니의 기분을 상하지 않게 하면서 이해를 구할 수 있을까? 맞춤형 대화를 통해 알아보자.

에스프레소형 시어머니의 경우

며느리 : 어머님, 죄송해요. 제가 이번 명절에 못 내려갈 것 같아요.

시어머니 : 왜 못 내려오니? (분명 못마땅한 어투일 것이다)

며느리 : 죄송해요, 어머니!(사과) 회사 프로젝트를 O월 OO일까지 마쳐야 해서 전 직원이 명절에도 근무하게 되었어요. 어머님에겐 죄송하지만, 업무 특성상 제가 빠질 수 없는 상황

이라 이렇게 양해를 구하게 되었어요(상황 설명). 대신 제가 고기랑 음식 몇 가지 준비해서 보낼게요(대안 제시).

언뜻 보기에는 다소 딱딱하고 사무적인 대화로 여겨질 수도 있다. 그러나 에스프레소형은 과장된 감정 표현보다 담백하고 빠른 사과, 즉각적인 결론 제시를 오히려 좋아한다.

카페모카형 시어머니의 경우

며느리 : 어머님, 너무 죄송해요! 어쩌죠? 회사 프로젝트 때문에 이번 명절에 전 직원이 출근해야 한대요. 어떻게든 빠져보려고 윗분들께 여러 번 말씀드렸는데 아무래도 출근해야 할 것 같아요. 음식도 해야 하는데, 어머님 혼자 힘드셔서 어떻게 해요?

시어머니 : 그 회사는 왜 명절에까지 일을 시킨다니? 에이, 뭐 어쩌겠냐? 하는 수 없지…. (이해는 하지만 마음에 안 든다는 어투일 것이다)

며느리 : 저도 이럴 때는 정말 일을 그만둬야 하나 싶어요. 아, 정말 속상해요! 어머님도 보고 싶고, 어머님이 해주시는 만두도 너무 먹고 싶은데…. 어머님, 너무 죄송해요. 대신 곧 찾아뵙고 어머님 좋아하시는 음식 사 드릴게요! 어머님, 뭐 드

시고 싶은지 꼭 생각해두세요.

카페모카형 시어머니에게는 감정 표현을 충실히 해야 한다는 점을 꼭 유념해야 한다. 더불어 중간중간에 시어머니를 칭찬하는 요소들을 적절히 넣어주면 한결 부드럽게 대화할 수 있다.

아메리카노형 시어머니의 경우

며느리 : 어머님, 이번 명절에 아무래도 못 내려갈 듯해요.

시어머니 : 왜? (아주 냉정하고 까칠한 어투일 것이다)

며느리 : 요즘 제가 회사에서 총책임을 맡고 있는 중요한 프로젝트가 있어요. 그런데 그 프로젝트를 O월 OO일까지 마쳐야 하거든요(정확한 날짜 고지). 마감 날짜가 워낙 촉박해서 직원들도 명절에 다 나와서 일을 한다고 하는데, 책임자인 제가 빠질 수 없는 상황이라 죄송스럽지만 내려가지 못하게 되었어요. 어머님, 제가 프로젝트를 끝내고 O월 OO일 12시까지 내려가서 맛있는 점심 사 드릴게요. 정말 죄송합니다.

아메리카노형 시어머니와 대화할 때는 최대한 예의를 갖추고, 정확한 날짜와 시간 등을 언급해주어야 설득하기가 수월하다. 또한 약속한 일정과 내용은 반드시 지켜야 신뢰를 잃지 않고 고부간의 원만한 관계를 유지할 수 있다. 신뢰가 바탕이 되어야 앞으로의 대화에서도 설득이 쉬워진다.

카페라테형 시어머니의 경우

며느리 : 어머님, 어쩌죠? 이번 명절에 못 내려갈 것 같아요.

시어머니 : 무슨 일 있니? (다른 시어머니에 비해 목소리가 온화한 편이다. 하지만 이런 시어머니가 더 무서울 수 있으니 마음을 놓아서는 안 된다)

며느리 : 요즘 회사에서 큰 프로젝트가 진행되고 있는데, 마감이 얼마 남지 않아서 명절에도 직원들이 모두 나와서 일을 해야 하는 상황이에요. 같이 일하는 워킹맘들도 걱정이 이만저만이 아니에요. 명절 음식도 준비해야 하는데, 시댁에 내려가지 못하게 돼서 다들 마음이 불편하고 '이걸 어떻게 말씀드리나' 고민하고 있어요. 외며느리인 저희 부장님도 시어머님이 혼자서 음식을 다 준비해야 한다며 한걱정하시더라고요. 저도 요 며칠 고민하다가 아무래도 일찍 말씀을 드리는 게 나을 것 같아서 전화드렸어요. 어머님, 너무 죄송해요.

카페라테형 시어머니에게는 '나만 이런 게 아니라 다른 직원들도 마찬가지 상황'이라는 사실을 꼭 이야기해주어야 한다. 그래야 시어머니가 '아, 우리 며느리만 그런 게 아니고 다른 사람들도 그렇구나. 나만 혼자 명절을 준비하는 게 아니라 다른 시어머니들도 그렇겠구나'라며 자기 위안을 하고 상황을 좀 더 긍정적으로 받아들이게 된다.

고부간 갈등은 어제오늘의 일이 아니다. 서로의 입장이 다르다 보니 커뮤니케이션에서 어쩔 수 없는 어려움이 생기는데, 이때의 말 한마디가 둘의 관계에 큰 벽을 만들기도 하고 비교적 수월하게 넘어가게 하기도 한다.

어떤 대화든 관계와 입장에 따라 느낌이 180도 달라질 수 있다. 나의 상황을 이해해주기를 바라지만 말고, 상대가 더 많이 이해할 수 있게끔 유형에 맞는 대화 스타일을 활용해보자. 소통이 한결 수월해질 것이다.

상황 2 아메리카노형 남편에게는 '걱정 마'

아이를 집에 두고 친구들과 해외여행을 가야 하는 상황이다. 남편의 협조를 구하고 설득시켜 마음 편히 다녀오려면 다음과 같이 대화하기를 권한다.

에스프레소형 남편

남편 : 생각이 있는 사람이야? 아이들은 어떻게 하고? 가지 마! (격분해서 다소 직설적인 반응을 보일 수 있다)

아내 : 당신이 이해 못 하는 거 알아. 그런데 이번 여행은 꼭 가고 싶어(분명한 의사 표현). 사실 난 결혼하고 10년 동안 여행 한 번 제대로 가본 적이 없잖아. 그리고 이번처럼 친구들하고

일정이 딱 맞는다는 게 여간 어려운 일이 아니야. 어쩌면 이번이 마지막 기회일 수도 있으니 조금 무리해서라도 가고 싶어(간략한 이유 설명). 아이들은 친정엄마한테 부탁할게(대안 제시).

남편 : 그러면 친구들과의 여행은 이번이 처음이자 마지막이야?

아내 : 응, 다음에 가게 되더라도 그때는 아이들 데리고 갈게.

남편 : 그럼 장모님한테 확실하게 부탁드려.

에스프레소형 남편을 설득할 때는 절대 감정 표현을 지나치게 하면 안 된다. 내 의사를 분명하게 표시하고, 이유는 간략하게 설명한다. 그리고 현실적인 대안을 바로 제시해주어야 한다.

카페모카형 남편

남편 : 우리 두고 혼자 갈 생각을 하니까 아주 신나지? 아이들은 어쩌려고 그래? 다음에 가.

아내 : 여보, 나 이번에는 꼭 가고 싶어. 친구들도 다 가기로 했는데, 나만 못 간다고 하면 뭐라고 하겠어? 그리고 당신, 나만 빠졌다고 생각해봐. 모일 때마다 친구들이 놀러 갔다 온 이야기를 할 텐데, 내가 끼지도 못하고 꾸어다 놓은 보릿자루처럼 있으면 당신 기분 좋겠어? 당신 없이 가니까 걱정돼서 그러

는 건 알겠는데, 정말 조심해서 잘 다녀올게. 아이들도 엄마가 봐주신다고 말씀하셨어. 자기야, 진짜 너무 가고 싶어!

카페모카형은 진심이 담긴 감정이 말소리에 나타나지 않으면 진지하게 받아들이지 않는다. 따라서 억양에 주의하고 '너무', '진짜로'와 같은 부사를 적절히 사용하는 것이 좋다. 또 관계를 중요시하는 점을 감안하여 사람들과의 관계에 초점을 맞추어 이야기하면 보다 쉽게 설득할 수 있다.

아메리카노형 남편

남편 : …. (아무 말도 하지 않고 차가운 표정을 짓고 있다)

아내 : 내가 걱정돼서 그래? 아니면 애들 때문에? 지난 10년 동안 친구들이랑 여행 한 번 가지 않은 거 잘 알지? 이번에 어렵게 친구들과 일정이 맞아서 추진하게 된 여행이고, 비용은 그동안 우리가 모아온 곗돈으로 충당하기로 했어. 내가 가지 않는다 해도 그 돈은 돌려받지 못해. 게다가 운 좋게도 항공사 할인 기간이라 40퍼센트 저렴한 가격으로 다녀올 수 있대. 14일 오후 3시쯤 집에 도착하니까 애들 하원하기 전에 올 수 있고, 이틀은 엄마가 오셔서 봐주신다고 하니까 걱정 안 해도 돼.

아메리카노형은 조용한 목소리로 조근조근 설명해주는 것을 좋아한다. 날짜나 비용 등에 관한 사항을 정확한 수치로 제시해주어야 설득이 쉬워진다.

카페라테형 남편

남편 : 이번에 가지 말고 여름휴가 때 우리 다 같이 가족 여행 가는 게 어때?

아내 : 여름에 가족 여행, 너무 좋지. 그런데 이번에 친구들과도 다녀오고 싶어. 친구들과 첫 여행인데 빠지면 나중에 후회될 것 같아. 당신 순옥이 알지? 순옥이는 애가 셋이나 되고 막내가 너무 어리잖아. 그래서 처음에는 안 간다고 하더라고. 그런데 남편한테 그냥 지나가는 말로 얘기했는데, 남편이 오히려 혼자만 안 가면 얼마나 속상하냐고, 애들 문제는 자기가 어떻게든 해볼 테니 다녀오라고 했나 봐. 그래서 같이 가기로 했어. 다른 친구들도 아이들 때문에 몇몇 남편이 반대했는데, 다들 잘 설득해서 가게 된 거야. 여보, 나도 이번에 친구들과 가고 싶어. 조심해서 다녀올게.

카페라테형 남편에게는 똑같은 상황에 처한 친구들의 예를 들어주는 것이 효과적이다. '다른 남편들도 당신과 똑같은 고민을 하고 애들 문제를 걱정했지만, 결국에는 이해해주었다'라는 메시지가 카페라테 형 남편을 설득하는 핵심 포인트다.

상황 3 에스프레소형 엄마에게는 '미안해'

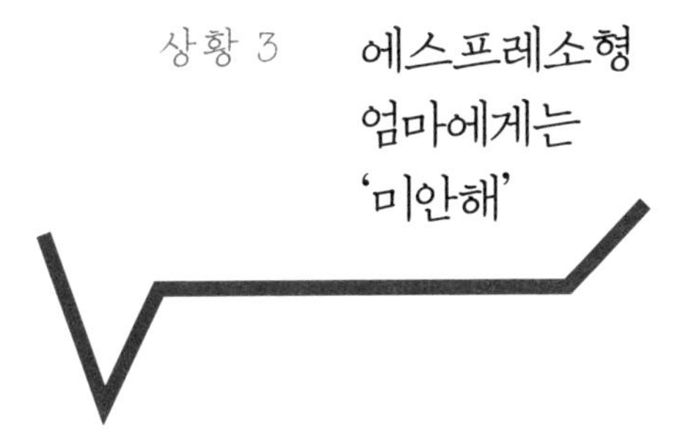

아빠와 엄마, 딸로 구성된 단란한 가족이 있다. 퇴근 중인 아빠에게 엄마가 문자를 보낸다.

"카스테라가 먹고 싶대."

잠시 후 띠릭 소리와 함께 도착한 아빠의 답문자.

"누가?"

엄마는 은근히 화가 난다. 대체 여기서 '누가'가 왜 중요하단 말인가. 굳은 표정으로 엄마가 다시 문자를 보낸다.

"누가가 왜 중요해?!!!"

아빠는 직감한다. 저 느낌표 3개가 의미하는 것을. 이럴 때는 아빠가 어떻게 대응하는 것이 좋을까? 어떤 답문자를 보내야 오늘 밤을 무사히 넘길 수 있을까? 잠시 각 유형에 맞추어 적절한 표현을 떠올려보기 바란다. 연습이다.

에스프레소형 엄마에게

미안해. 생각 없이 보냈네. 맛있는 걸로 사 갈게.

카페모카형 엄마에게

아, 당신이면 큰 거 사 가고, 딸이면 작은 거 사 가려고 했지. 당신은 빵 무지 좋아하잖아.^^ (이모티콘 필수)

아메리카노형 엄마에게

당신이면 '허니 카스테라' 사고, 딸이면 '딸기 카스테라' 사려고.

카페라테형 엄마에게

옆에 있던 이 대리가 그러더라고. 취향에 맞는 걸로 사 가야 좋아한다고. 그래서 물어봤어.

많은 연습이 되어 있지 않으면 실제 상황에서 유연하게 대처하기 어렵다. 상대 유형에 맞는 대답이 바로바로 나오지 않을 수 있다. 실습과 반복이 필요하다.

여기서 꼭 유의해야 할 점이 있다. 사람의 유형을 쉽게 단정해서는 안 된다는 것이다. 처음 만난 사람과 몇 마디 나눠보고 '이 사람은 아메리카노형이야', '이 사람은 카페모카형이군' 하고 섣불리 판단해서 대화하면 큰 실수를 범할 수 있다. 사람은 그렇게 단순한 존재가 아니다. 유형을 제대로 파악하려면 많은 시간과 노력, 꾸준한 훈련이 필요하다. 많은 사람과 소통해보고 오랜 시간 함께 지내면서 관찰해봐야 한다. 그러다 보면 상대가 어떤 유형에 속하는지 자연스럽게 파악할 수 있을 것이다. 이렇게 자신이 쌓은 경험과 노하우를 바탕으로 상대의 이야기에 귀를 기울이면 그 사람이 가지고 있는 특징들이 눈에 들어오게 된다.

때로 헷갈릴 때가 있다. 대화하는 상대가 어느 유형인지 알 수 없는 경우다. 그럴 때는 가장 가능성이 큰 유형에 대입하여 대화를 시도해보라. 아니라고 판단되면 다음 유형으로 넘어간다. 그러다 보면 조금씩 방향이 잡히고 유형의 윤곽이 드러나게 되어 상대에게 맞는 소통을 할 수 있을 것이다.

즉흥 스피치가 두려운 당신을 위한 팁

시간이 갈수록, 경력이 쌓일수록 모임이 많아진다. 동창회, 동기회, 향우회, 조찬회, 부부동반 모임, 등산을 비롯한 취미활동 모임 등등. 회식 자리도 점점 더 늘어나고 건배사와 축사 등 즉흥 스피치를 요청받는 경우도 빈번하다. 연말연시가 되면 더욱 그렇다.

"○○○ 선배님, ○○과를 대표해서 한 말씀 해주십시오!"

대단한 연설을 요청하는 게 아닌 줄 알면서도 사회자로부터 호명을 받는 순간, 땀방울이 등줄기를 타고 내려가는 듯 머릿속이 하얘지는 긴장을 느낀다. 무슨 말을 하는지도 모르고 중언부언하다가 자리에 앉을 때 박수 치는 사람들을 보면 자신을 비웃는 것만 같다.

그동안 이런 고민과 스트레스에 시달려온 당신을 위해 유용한 몇 가지 팁을 소개한다. 즉흥 스피치가 두려워 그런 모임을 기피했을지 모를 당신에게 반갑고도 유익한 정보가 될 것이다. 아래에 소개한 예시들을 잘 기억해두었다가 각종 모임이나 행사에서 적절히 활용하기 바란다.

먼저 건배사를 할 때 주의해야 할 점이다. 우선, '3GO'는 하지 말자.

엉덩이 빼지 말GO

우물쭈물하지 말GO

길게 말하지 말GO

어떤 경우라도 이 3 GO는 하지 않는 것이 좋다. 그리고 이것만 기억하자.

'고 · 구 · 마 건배사!'

고 · 구 · 마만 기억해도 어떤 자리에서건 주목받을 수 있을 것이다.

고 : 고맙습니다.

구 : 구경한 후 현장 스케치. 모임에서의 에피소드 또는 준비한 멘트 전달

마 : 마지막은 임팩트 있게 건배!

예시 1

연말 동창회 부부동반 모임에서 갑자기 건배사 제안이 들어오면 여유 있는 미소와 따뜻한 음색으로 먼저 인사를 한다.

고 : 고맙습니다. 이렇게 건배사를 할 수 있는 기회를 주셔서 영광입니다.

구 : (구경하듯 사람들과의 시선을 맞추면서 현장 스케치. 동시간대 같은 장소에서 보여지는 것을 언급할 것. 사람들의 말이나 행동 혹은 현장 분위기를 바탕으로 공감대를 형성해준다) 많은 분들이 자리를 해주셨네요. 무슨 영화제에 온 것 같습니다. 다들 어쩌나 아름다우신지! 그중에서도 제 옆에 있는 우리 와이프, 오늘 유난히 빛이 나네요. 하하하!

마 : (마지막은 임팩트 있게 건배. 혹은 준비해온 건배사 외치기) 자, 각자 자기 옆에 앉아 있는 아내나 남편의 사랑을 확인해보겠습니다. 사랑하는 만큼 큰 소리로 '사랑해!'라고 외치겠습니다. 여보, 당신! (다같이) 사랑해!

다시 한 번 말하지만, 즉흥 스피치를 할 때는 아무리 멋지고 좋은 말이라도 길게 하지 말자. 술잔을 들고 있는 사람들의 손이 덜덜덜 떨리게 만들어서는 안 된다. 과거에 학교 운동장에서 길고 긴 조회를 이끌어나가셨던 교장선생님 코스프레는 절대 금물이다. 또한 건배사는 평소 목소리의 크기보다 2배에서 3배가량 더 힘을 실어서 하는 것을 추천한다.

예시 2

고 : 고맙습니다. 우리 남편 덕분에 이렇게 좋은 자리에 초대되어 좋은 분들과 좋은 시간을 갖게 되어 참 행복합니다.

구 : (구경한 후 현장 스케치) 오늘 이사님, 상무님, 부장님 모두 자리해주셨는데, 공개적으로 말씀드립니다. 우리 남편 자알 부탁드립니다! 회사를 저보다 더 사랑해요! 호호호.

마: (마지막은 임팩트 있게 건배) 제가 짧게 노래 한 소절 하겠습니다. 이어서 불러주시고 잔을 비우는 걸로 할게요. 천만 번 더 들어도 기분 좋은 말~, (다 같이) 사랑해~.

축사하는 방법도 소개한다. 나름 정성을 다해 재미있게 만들었다.

한번은 남편을 따라 고등학교 총동문회에 참석한 적이 있었다. 그때 졸업생들 중에서 아주 잘나가는 벤처기업 대표와 현직 국회의원이 축사를 했다. 정말로 들어주기 힘들었다. 말 그대로 축하만 해주면 되는데 하나부터 열까지 장황하게 이야기를 늘어놓았고, 다른 한 분 역시도 A부터 Z까지 구구절절 말을 이어갔다. 배가 고파오는 저녁 시간,

맛있는 음식들을 앞에 둔 채 사람들은 고문 아닌 고문을 당해야 했다. 그때 나는 생각했다. 축사를 잘하는 방법이 없을까?

그래서 생각해낸 것이 있다.

'고래의 축하.'

다소 억지스러운 감이 없지 않으나, 그래도 꼭 기억하기 바란다. '고래의 축하'만 알고 있으면 어떤 상황에서도 그럴듯한 축사를 해낼 수 있을 것이다.

고 : 고맙습니다. (처음은 언제나 고맙다는 인사로 시작하는 것이 좋다)

래 : 내가 누구인지 밝힌다.

의 : 의미를 부여한다.

축하 : 축하의 자리인 만큼 마지막은 축하한다는 말로 마무리한다.

그러면 다시 졸업생 총동문회 현장으로 가서 '고래의 축하'를 활용한 축사를 확인해보자.

고 : 고맙습니다! 이런 뜻깊은 자리에서 한마디 할 수 있는 기회를 주셔서 정말 감사하고 영광스럽게 생각합니다.

래 : 나는(저는) 47회 졸업생 ○○○입니다. 지금은 ○○ 회사에서

○○ 일을 하고 있습니다. 얼마 전에는 ○○○라는 시집을 출간한 시인이기도 합니다.

의 : 학창 시절 저는 집안이 넉넉하지 않아 참고서 한 권 사기도 벅찼었습니다. 학원은 말할 것도 없었고요. 감사하게도 그때 담임 선생님이 주신 참고서와 친구들이 빌려준 문제집으로 정말 열심히 공부했습니다. 어찌 보면 그때의 결핍이 인생을 노래하는 시인으로 만들어주지 않았나 싶습니다.

축하 : 우리 ○○ 학교의 총동문회를 다시 한 번 축하드리며 앞으로도 무궁한 발전이 이어지길 간절히 소망하고 응원하겠습니다. 고맙습니다.

즉흥 스피치는 짧게 하는 발언이지만 어떻게 하느냐에 따라 사람들에게 각인되는 이미지의 차이가 크다. 리더십과 자신감, 유머감각을 적절히 보여준다면 유쾌한 분위기를 이끌어 아주 좋은 이미지를 남길 수 있다. 센스 있는 한마디가 특별한 장소, 의미 있는 시간의 주인공으로 만들어준다. 이왕이면 멋지게 해서 나의 배우자가 속으로 "꺄오~"를 외칠 수 있게 해보자.

'도대체 무슨 말을 하라는 거지?' 걱정만 하지 말고 상황별로 건배사나 축사 등을 미리 준비해두고 숙지하자. 머리로 외웠다고 해서 끝난 것이 아니다. 스피치는 뇌가 아니라 몸이 기억하는 기술이다. 준비한 원고를 반복해서 소리 내어 말해보고 어울리는 제스처 등을 자주 연습해서 자연스러움의 완성도를 높여주어야 한다.

말하고 싶은 내용을 사실 그대로 전달하는 것으로는 사람들의 마음을 움직이기 어렵다. 말랑말랑한 유머를 가미하자. 센스 있는 유머 한마디는 사람들을 무장해제시켜 스스로 마음의 문을 열고 나의 이야기에 집중하게 만든다.

즉흥 스피치에서 중요한 또 하나는 이 또한 '대화'라는 사실이다. 준비한 멘트를 허겁지겁 후다닥 해치우듯 일방적으로 전달하지 말고 앞에 있는 사람과 대화하듯 여유와 진정성을 담아 표현해야 한다.

아마존닷컴의 최고경영자 제프 베조스가 이런 말을 했다.

"똑똑한 사람이 되는 것보다 더 어려운 것은 남을 배려할 줄 아는 사람이 되는 것이다."

정말 맞는 말이다. 내 생각만 주장하거나 상대에게 핀잔을 주기는 쉽지만, 이해하고 배려하는 일은 정말 어렵다. 하지만 그 어려운 것을 해내는 사람이 원만한 대화와 관계를 유지할 수 있다.

어렸을 적 좋아했던 《비밀의 화원》이란 책이 있다. 부모님의 사랑을 받지 못한 주인공 메리가 고모부 집으로 가게 되면서 벌어지는 일을 그린 책이다. 폐쇄된 화원, 다리도 마음도 아픈 사촌동생, 비밀이 가득한 사람들…. 메리는 그곳에서 비밀의 화원과 사람들의 마음을 서서히 열어간다. 그러면서 사람들은 단절된 관계를 회복하고 서로를 이해하며 화합한다.

요즘에도 가끔 이 책을 읽으면서 화원과 사람의 마음은 다르지 않다는 것을 느끼곤 한다. 관심을 가지면 그 너머 보이지 않던 것도 보인다는 것, 그리고 더욱 예쁘게 가꿀 수 있다는 것을 배운다. 사람에게도 비밀의 화원이 있다. 닫힌 배우자의 화원을 열 수 있는 열쇠는 당신의 따뜻한 관심과 배려의 말이다. 한마디 말이 사람의 마음을 닫게도 하고 열게도 한다.

오늘 당신의 말은 어땠는가?

다시 태어나도
나와 결혼해주겠어요?

어느 여름날, 트럭 한 대가 집 앞으로 오는가 싶더니 수박을 무려 10통이나 내려두고 갔다. 수박을 좋아하는 아내를 위해 남편이 길에서 만난 수박 장수에게 부탁해 가져온 것이다.

'맙소사! 저 큰 수박 10통을 누가 다 먹지?'

대책 없는 남편의 행동에 황당해하면서도 아내의 입가에는 행복한 미소가 피어올랐다.

부부가 함께 등산을 하던 날이었다. 내내 곁에 있던 남편이 홀연히 어디론가 사라졌는가 싶더니 한 손에 예쁜 들꽃 다발을 들고 나타났다. 그는 사랑을 고백하는 중세의 기사처럼 아내에게 꽃다발을 바치며 말했다.

"다시 태어나도 나와 결혼해주겠소? 사랑하오."

뜻밖의 행동에 아내는 부끄러워 어쩔 줄 몰랐다.

도대체 어느 시절 누구의 이야기인가 싶겠지만, 이 스토리의 주인공은 바로 우리 부모님이다. 두 분은 오래전부터 금슬이 좋기로 소문난 부부였다. 다정한 모습으로 행복하게 나이 들어가는 모습이 자식들 보기에도 참 좋았다.

그런데 운명의 시샘이었을까? 부모님이 한 해 걸러 한 분씩 번갈아 암수술을 받으셨다. 비 온 뒤에 땅이 굳듯, 큰 수술을 하시고 난 뒤 서로를 생각하는 마음은 더더욱 커지신 것 같다. 부모님은 요즘도 하루에 한 번 함께 운동을 나가신다. 서로의 손을 꼭 잡고 걸어가시는 모습이 그렇게 아름다울 수가 없다.

TV에서 유명 여배우가 화장품 광고를 하는 장면이 나오면 아버지는 거침없이 이렇게 말씀하신다.

"에이, 난 저 사람 예쁜지 모르겠다. 우리 ○○ 엄마가 워낙 예쁘니까 내 눈이 여간 높아진 게 아니야."

식당에서 가족끼리 식사를 할 때도 종종 말씀하신다.

"사람들 정말 많네. 그런데 우리 아내보다 아름다운 여자는 없어."

키도 크고 인물도 좋은 남자가 평생 한 여자만을 사랑하는 이야기는 세상 모든 여자들의 로망이자 로맨스 소설의 영원한 소재일 것이다. 그런 남자를 남편으로 둔 어머니가 같은 여자로서 한없이 부러웠고, 자식으로서도 더할 나위 없이 보기 좋았다. 한편으로는 신기하기도 했다. 어떻게 한평생을 싸움 한 번 없이 저렇게 다정하게 지낼 수 있을까? '졸혼'이라는 신조어가 여기저기서 들리는 요즘 세태를 생각하면 더욱 그런 생각이 든다.

아름답게 해로하는 이 노부부의 금슬 비결은 무엇일까? 누가 보기에도 예사롭지 않은 두 분의 모습은 어떻게 가능했을까? 그것은 바로 '대화'였다. 우리 부모님은 대화가 많은 부부였다. 간혹 티격태격 언쟁을 하는가 싶다가도 대화를 통해 웃으며 마무리 짓는 모습을 어린 시절부터 줄곧 보고 자랐다.

부부는 '가장 가깝고도 먼 사이'라고 한다. 서로 마주 보고 있을 때는 그 누구보다 가까운 사이지만, 등을 지고 돌아서면 지구 한 바퀴를 돌아야 만날 수 있는 먼 사이가 된다. 남편과 아내를 둘도 없는 가까운 관계로 만들기도 하고, 다시 만나기 어려운 멀고 먼 사이로 만들기도 하는 것이 대화다. 깊이 있는 대화를 꾸준히 나누는 부부는 진정한 일심동체일 수 있지만, 대화 없이 건조한 일상을 이어가는 부부는 같이 살아도 소통이 어려운 낯선 이방인일 수밖에 없다.

이 책은 스피치 전문가 셋이 모여 각자의 경험과 통찰을 바탕으로 대화가 잘 통하는 부부, 행복지수가 높은 부부로 사는 방법을 쉽고 재미있게 풀어낸 결과물이다. 이 책을 읽으면서 어느 대목에서는 '우리 부부 이야기와 비슷하네'라며 고개를 끄덕였을 것이고, 또 어느 대목에서는 '아, 이런 방법이 있었구나' 하며 새로운 눈을 뜨기도 했을 것이다. 이제 남은 것은 생활 속 실천이다. 이 책에서 소개한 화법을 따라 하기만 해도 얼마든지 현재의 관계를 변화시켜 고백 신혼(go back to the 신혼)할 수 있다. 과연 그럴까? 설마 그러겠어? 의심하지 말고 직접 실천을 통해 관계의 변화를 확인하기 바란다. 사랑과 배려가 넘치는 부부 대화법만 잘 활용하면 누구나 달콤했던 그때 시절로 타임슬립(time slip)할 수 있을 것이다.

저자 일동